William Mitchell & Satoshi Fujii

現代貨幣理論の提唱者が語る！

インフレ時代の「積極」財政論

ウィリアム・ミッチェル×藤井 聡

ビジネス社

はじめに

本書は、ウィリアム（ビル）・ミッチェル教授と京都大学で進めてきた**最初の共同研究成果**、となるものです。共同研究を始めて4年目にして、こうした成果をとりまとめることができたことについてまず、ミッチェル教授はじめ、関係各位に心からの深謝の意を表したいと思います。

ミッチェル教授に初めてお目にかかったのは、２０１９年の11月、**京都大学で第２回目のＭＭＴ（現代貨幣理論）のシンポジウム**を開催した時のことでした。

当時は、政府が予定していた消費増税の延期・凍結を目指し、内閣官房参与を２０１８年年末に辞職し、**消費増税に異を唱える言論活動を精力的に展開していた時期**でした。

その当時、当方が大きく注目していた経済理論が**ＭＭＴ＝現代貨幣理論**でした。

消費増税の凍結を含めた積極財政論を**合理的、理性的**に展開するうえで、現代貨幣理論は強力な理論的枠組みを提示するものだったからです。

それは伝統的なケインズ経済学をベースとした**至ってオーソドックス**なものであると同時に、（ブレトン・ウッズ体制の崩壊後の世界における）**現代の中央銀行の役割を「明示的」、かつ、「正確」に取り入れた、**他に類例を見ぬ程に**高い実用性を持つ理論的フレームワーク**でもありました。

一定の知性と誠実性を兼ね備えた者ならば誰もがその重要性、有効性を理解するに違いないと確信し、２０１９年６月に、著名現代貨幣理論論者の一人として、（米国における現代貨幣理論の大きなムーブメントの立役者でもあった）ステファニー・ケルトン教授を招聘しました。そして、その第2弾として、その**ケルトン教授に対して決定的な学術的影響を与えた現代貨幣理論の泰斗中の泰斗である、ウィリアム・ミッチェル教授を招聘**することを企画したのでした。

ミッチェル教授は、ランダル・レイ教授、ウォーレン・モズラー教授と共に現代貨幣理論の成立において最も重要な役割を担った経済学者の一人であり、**事実上の現代貨幣理論の創始者と呼ぶべき学者**。そんな著名な方に、是非京都に起こしいただきたいとお声かけしたところ二つ返事でご快諾いただくことができたことに、今でも当方は招聘者として大変に光栄に感じています。

お陰様で２０１９年には、日本でも現代貨幣理論が大きく注目され、その賛否を巡る論争が大きく巻き起こりました。いまだに世間には現代貨幣理論の主要なメッセージを誤解している方々はおられるようですが、現下の日本における積極財政の有効性、重要性を理解することに成功した人々の割合は、こうした議論を通して確実に拡大したものと感じています。


さて、２０１９年のミッチェル教授招聘時には、シンポの機会含めて、様々な機会を通して実に多くの議論を重ねましたが、その甲斐あって、ミッチェル教授には当方の京都大学の藤井研究室関係の学生や様々な学者の先生方との議論、そして京都での滞在そのものにご満足いただけたのか、今度は是非、短期的な滞在ではなく、数か月間じっくり、京都に滞在したい、との提案を、今度はミッチェル教授からいただくこととなりました。

現代貨幣理論を踏まえた研究をさらに深化し、さらに高度化する研究を企図していた当方としてはこのお申し出は、大変に有り難いものであり、二つ返事でお受けした次第です。その直後に世界中に蔓延した新型コロナの影響で複数回、招聘が延期されはしましたが、２０２２年にはようやく招聘が実現することとなりました。

その間、世界経済は激変しました。コロナの蔓延による世界的経済停滞と、各国における経済対策としての超大型の財政拡大。この財政拡大の各国判断において、現代貨幣理論が直接間接に大きな影響を及ぼしたことは間違いありません。そして、コロナの影響が落ち着きを見せ始めた２０２２年には、ロシア・ウクライナ戦争が勃発し、世界中の資源・食料の供給が低迷し、それまでの世界的なデフレ基調が一気にインフレへと大転換することになります。

ミッチェル教授が京都に3か月滞在していたのは、まさにそんな世界経済の大転換が生じ始めた時期でした。ついてはミッチェル教授とは、こうした世界経済の動向とそれに対する政策的対応について様々な議論を重ねることになったのでした。本書は、そうしたミッチェル教授との様々な対話をベースにまとめられたものです。

第1章は、当方とミッチェル教授が日本、そして世界経済についての現状分析とそれを踏まえた『**インフレ時代における財政論**』についての対談です。この対談は我々2名の基本的な認識をまとめたもので、本書の中心となるものです。この対談内容は、未翻訳のまま今、YouTubeにアップロードされていますが、今回初めて、その翻訳版を公表することとなった次第です。

それを踏まえたうえで、第2章ではミッチェル教授に、**日豪両国を比較しながら、現状の世界経済についての分析と今求められる財政論**をさらに詳しく論じていただきました。

これは、2022年のミッチェル教授の京大でのセミナーをベースにまとめたものです。

一方で今度は当方から、**2023年10月時点の最新データを交えながら、『現下の岸田政権がなすべき経済対策』を、より具体的、かつ包括的に論じたもの**が第3章となっています。

そして、最後の第4章には、これらのすべての議論のベースにある**「現代貨幣理論」の概要を、一般の方でもご理解いただける格好で、ミッチェル教授にまとめていただきました。**

なお、翻訳版作成では、一般の方には少々分かりづらいと思われた用語については当方からの脚注を付与しており、現代貨幣理論について一切の予備知識がない方でも、十分にその概要をご理解いただける**「入門」としてお読みいただける**内容となっています。

筆者は今、改めてできあがった本書を読み返し、本書を読めばどなたでも、今の世界、そして今の日本の経済政策が、如何に**歪んだ**ものとなっているのかをしっかりとご理解いただけるものとなったと確信しています。それと同時に、このインフレの時代においてもやはり、政府による「積極財政」が強烈に求められている合理的な根拠をご理解いただくこともできると感じています。そして何より、多くの読者が本書を通して、現実の中央銀行と政府の働きに関するより正確な理解に基づく効果的な経済政策のあり方――すなわち、現代貨幣理論の本質――をより深く、かつ、より的確に理解いただけるものと思います。

こうした他に類例を見ない充実した書籍を、日本、そして世界の経済が曲がり角を迎えているまさにこのタイミングで出版できる機会に恵まれたことを、心から感謝いたしたいと思います。そんな機会に恵まれたのも、ミッチェル教授の招聘をサポートいただいた京都大学藤井研究室各位、京都大学レジリエンス実践ユニット、京都大学経営管理大学院、日本学術振興会等の協力があってこそのもの。そして本書企画をまとめていただいたビジネス社の中澤直樹氏、そして何より、ミッチェル教授や当方の英語を翻訳いただいた田中孝太郎氏のご尽力の賜です。特に京都大学柴山桂太研究室の出身者でもある田中氏には、優秀な語学力のみならず、社会科学についての的確な知識に基づいて、秀逸な翻訳をいただいたものと心から感謝しています。

ミッチェル教授は、本書出版となる2023年の秋に再び、京都に3か月滞在されています。そして、本書での議論を踏まえて、さらなる議論を再び重ねているところです。まさに今、本書の「続編」、ならびにそれらをすべて含めた英語での共著出版を準備しているところです（そして今年もまた、昨年と同じ京都の老舗ライブハウスで共演することを予定しています。彼は70年代にメルボルンで大きなヒットを飛ばしたレゲエバンドのプロギタリストでもあるのです！）。

日本経済、そして世界経済の混迷は年々深まっています。こうした状況を打開するためにも、これからさらにミッチェル教授を含めた多くの心ある学者の皆さんと共に深く考え、より幅広い世界中の人々に私たちが確信した言葉を届けて参りたいと思っています。

そのためにもまずは、本書をじっくりとお読みいただけますと、大変有り難く存じます。

どうぞ、よろしくお願い致します。

2023年10月9日　京都にて

藤井　聡

インフレ時代の「積極」財政論◉目次

第2章 日本経済とオーストラリア経済の比較分析入門

ウィリアム・ミッチェル

第3章 インフレ時代の財政論——今求められるコストプッシュ・インフレ対策

藤井 聡

第4章 現代貨幣理論入門

ウィリアム・ミッチェル

第1章

MMTのレンズを通して見る日本経済と世界経済

ウィリアム・ミッチェル vs 藤井聡

（2022年11月3日収録）

❖ 失われた20年でも失業率は低い

藤井　皆さんこんにちは。京都大学の藤井聡です。私は京都大学大学院工学研究科で、土木計画・都市計画を含む公共政策やマクロ経済学を研究しています。本日は、オーストラリアからスペシャルゲストにお越しいただいております。ニューカッスル大学の経済学教授で、「CofFEE（Centre of Full Employment and Equity）」の所長を務めておられるウィリアム・ミッチェル氏です。ミッチェル教授は現代貨幣理論（ＭＭＴ）の創始者・提唱者として著名な方であり、現在は日本学術振興会の国際フェローとして、ここ京都で数か月研究されるご予定です。この機会を利用して、ぜひ日本経済や世界経済の現状について幅広く議論したいと思います。

皆さんご承知の通り、現在の日本経済、世界経済は深刻な問題に直面しています。たとえば日本では、いわゆる「失われた10年」あるいは「失われた20年」という言葉が頻繁に言われており、過去数十年にわたりデフレを経験してきました。より最近で言えば、新型コロナウイルスによる世界的なパンデミックと、それに伴うインフレ圧力という問題に直面しています。

そこで本日は、ミッチェル氏と日本経済に関して幅広く議論するとともに、世界経済が直面する課題についても考えていきたいと思います。目下の経済危機に対する解決策を模索するにあたり、この議論を通じて少しでも有益な示唆を提供できれば幸いです。

ミッチェル　本日はお招きいただきありがとうございます。ここに来ることができてうれしいです。

藤井　では、はじめにコロナ禍前における日本の経済状況について議論していきましょう。

パンデミック前の日本経済を特徴づけているのは、長引くデフレ不況と非常に低い経済成長率です。コロナ禍の前でさえ深刻な経済状況だったわけですが、現在はそこに、賃上げを伴わないコストプッシュ型のインフレ圧力も加わっている状態です。これがいわゆる「失われた20年」と呼ばれる期間ですが、このことについてミッチェルさんはどのようにお考えですか。

ミッチェル　私はもちろん主流派の経済学者ではありませんが、多くの主流派の経済学者たちは「失われた20年」について、あたかもそれが深刻な結果であるかのように捉えており、政府の失策をはっきりと示すものとして絶えず議論してきました。１９９０年代にアメリカを代表する経済学者たちが、「日本の慢性的な財政赤字は深刻な結果をもたらし、日本は破滅的な運命をたどる」と予想するのを私たちはこの目で見てきました。

もちろん彼らの予想は外れましたが、彼らは現在でも失われた20年の深刻さについて、西側諸国の経済と関連させながら論じています。１９９１年、日本では歴史上最大の不動産バブルが崩壊しました。たとえば、もしオーストラリアが同じ立場にあったとしたら、非常に深刻かつ長期的な不況に陥っていたでしょう。それと比較すると、日本はその後深刻な不況は経験していません。景気減退ではありますが不況というほどのものではなく、失業率もほとんど上昇していません。一方、もし同じことがオーストラリアで起きていたら、失業率は著しく上がっていたはずです。

オーストラリアはそれなりに成長を見込める経済を維持してきましたが、一方でデータが示すように、日本はオーストラリアに比べ失業が非常に少ないのです。

藤井　日本は失業率が低いということですね。

ミッチェル　そうです。日本経済は非常に低い失業率を維持してきました。一方で、オーストラリアは同じ時期、平均的に非常に高い失業率であり続けてきました。

◈一人当たりのGDPの伸び率は日豪似ている

ミッチェル　そしてほかにも重要な観点があります。一人当たりのGDPです。日本は「失われた20年」と呼ばれる期間でさえも、一人当たりGDP――一人当たりの生産額――の伸び方はオーストラリアと非常に似ています。オーストラリアは「失われた10年」を経験していませんが、一人当たりGDPの伸びは変わらないのです。データを深く掘り下げるにつれて、「失われた20年」はそれほど大きな問題でないことが分かりました。日本にとって最大の問題は賃金の状況だと私は思います。

藤井　なるほど。オーストラリアのGDPはリーマンショック後に失速していますが、1990年から2010年の期間は伸びていますよね。

ミッチェル　ですが、一人当たりGDPで見ると、その伸び率は日本と非常によく似ているのです。

藤井　それは１９９０年以降ですか？

ミッチェル　他の国と同じように、オーストラリアは１９９１年に非常に深刻な不況を経験しました。１９３０年代以降、最大の不況です。その後しばらくＧＤＰの成長は緩やかでしたが再び加速し始めました。しかし、一人当たりＧＤＰの伸び率で見ると、日本と非常に似ているのです。

この議論のポイントは、生活水準を維持するためであれば、日本はオーストラリアほどの成長率は必要ないということです。なぜなら、日本は人口増加率が非常に緩やかだからです。オーストラリアの人口増加率は年１・８％ほどですが、日本の増加率はもっと緩やかに推移してきましたし、近年は人口減少に向かっています。つまり、物質的な生活水準を維持したいのであれば、オーストラリアは日本よりもかなり早いペースでＧＤＰを成長させなければならないということです。このことは、「失われた20年」について議論する際にしばしば見落とされている論点だと思います。多くの人は日本の経済停滞について語りますが、実際には人口の規模・観点から見ると、日本とオーストラリアの状況は非常に似ているように見えます。

藤井　なるほど。日本は人口が減少しているがゆえに、たとえＧＤＰ成長率が停滞していても、一人当たりＧＤＰは大きく変化しないということですね。

ミッチェル　そういうことです。

藤井　１９９０年から２０１０年までのオーストラリアのＧＤＰ統計を見ると、ＧＤＰは大きく増えていますが、人口も増えています。ただ、それでもＧＤＰの成長率は人口の増加率よりも高いように見えますが。

ミッチェル　ほんの少しですね。それほど大きな差はありません。オーストラリアのＧＤＰ成長率は間違いなく日本よりは高いですが、同時に人口増加率も日本よりはるかに高いのです。ですから一人当たりＧＤＰで見れば、この2か国は非常に似ています。真の問題は「失われた20年とは何を意味するのか？」ということです。私たちは日本の経済状況は悪いと言い続けるべきなのでしょうか。外から見ると、日本は「バスケットケース」（全くどうしようもない状況）であるようには見えません。私からすれば、日本は危機的な状況にあるようには思えないのです。

❖消費増税の負の影響

藤井　では、データを見てみましょう。ここに１９８０年から２０１４年までの日本における名目ＧＤＰを示したグラフがあります。１９９０年頃のバブル崩壊までＧＤＰは急激に増加しており、その後も１９９７年までは、緩やかではあるものの増加し続けていました。しかし、１９９７年の消費増税後、名目ＧＤＰの成長率は失速してしまいました。この変化は、リーマンショック後のオーストラリアの状況に似ているように思えます。

しかし過去25年、つまり最初に消費税を増税してからずっと、日本経済はデフレに悩まされ続けています。これがいわゆる「失われた20年」であり、今に至るまでおよそ25年も続いているのです。これが最初の論点です。

２つ目の論点は、１９９７年の消費増税まで日本の労働者の賃金は着実に伸びていたものの、増税以降賃金が下落し始めたことです（図表1-2参照）。最も大きな減少は、消費税率を５％から８％に増税した２０１４年４月の直後、そしてさらに10％に

図表 1-1

名目GDPの推移

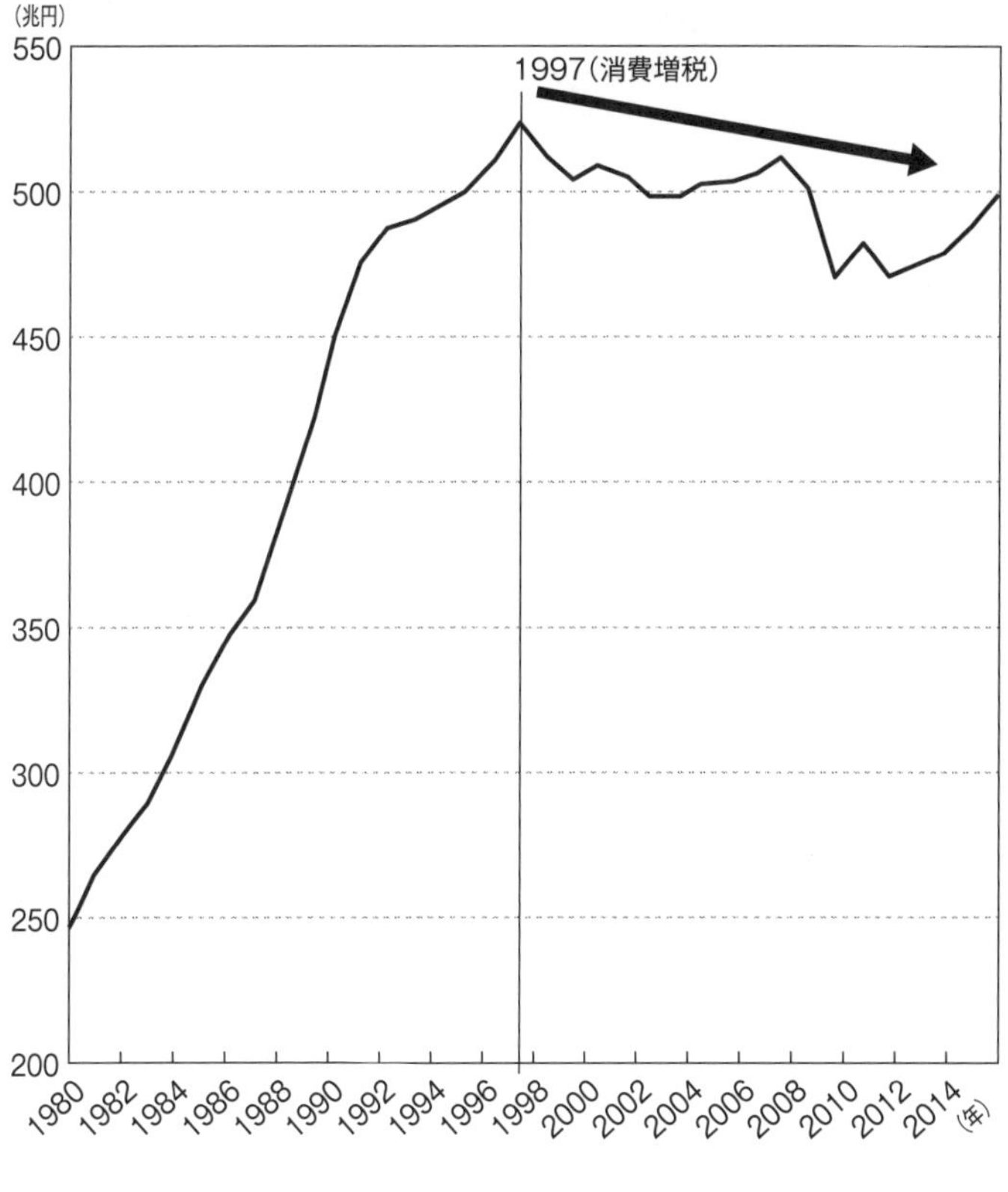

図表 1-2

雇用者の標準的賃金の推移

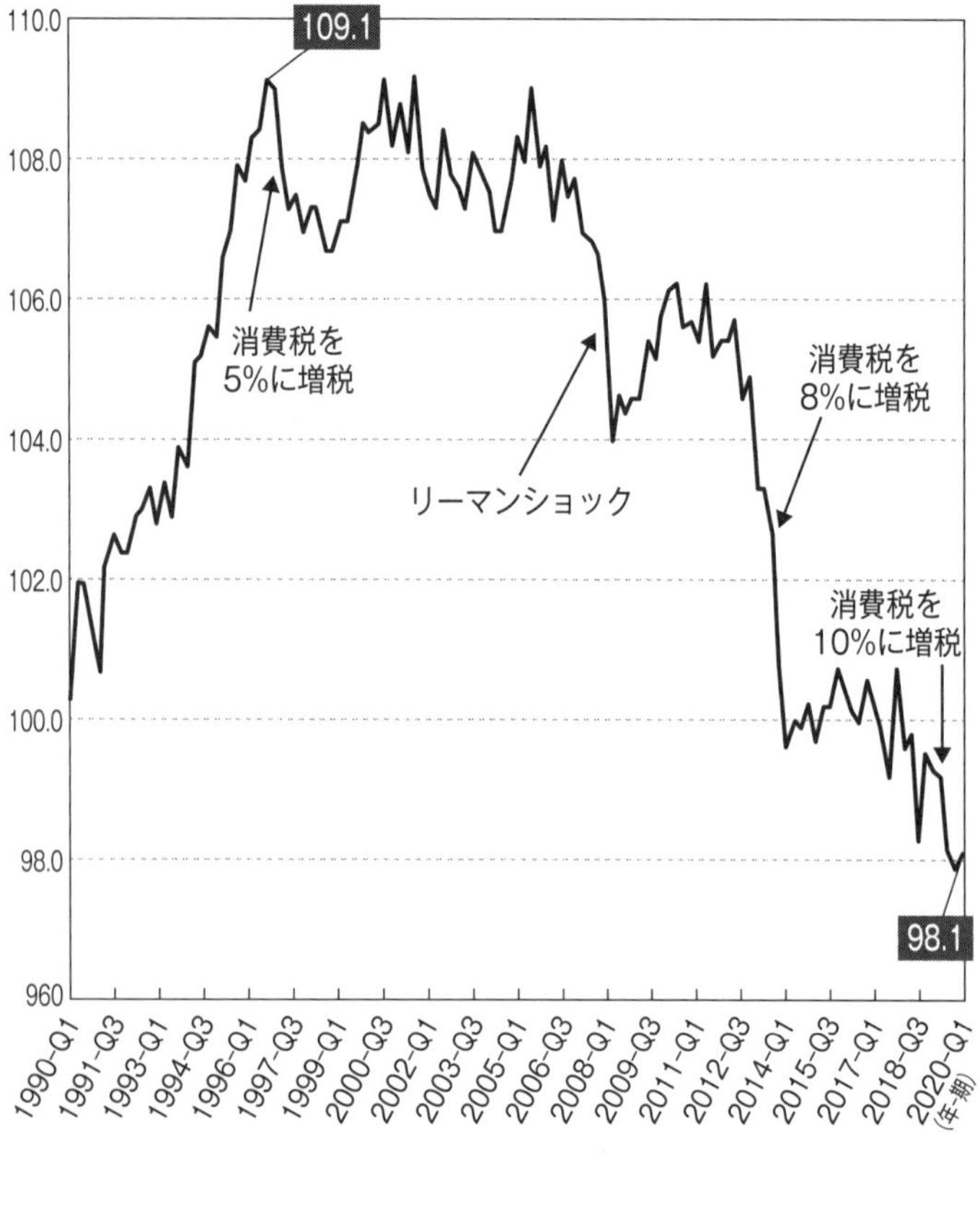

増税した２０１９年10月の直後に見られます。

ミッチェル　消費税の問題に関して言うと、最も注目すべき点は１９９７年以降、消費税を増税するたびに家計の消費支出が劇的に下落していることです。

ちなみに、オーストラリア政府は２００１年に消費税を初めて導入しました。いきなり０％から10％にまで引き上げたのです。

藤井　０％から10％までですか⁉

ミッチェル　一度にですよ。ただ、家計の消費支出の成長率は低下したものの、日本で消費増税後に起きたような状況にはなりませんでした。

このことは何を意味しているのでしょうか。なぜオーストラリアでは、消費増税後に日本のように家計の消費が大幅に落ち込まなかったのでしょうか。両国における家計の負債を比較すると、その答えが見えてくると思います。日本では、可処分所得に対する家計の負債の割合は長期にわたり１０５％程度です。オーストラリアでは、家計の負債の割合は１９８０年代後半には約60％でしたが、現在では２００％に近づいています。

私が指摘したいのは、オーストラリアの家計は２００１年の消費税導入による可処分所得の減少に対し、借り入れを増やすことで対応したということです。これにより、オーストラリアの家計は消費支出を増やし続けることが可能となりました。1994年以降のデータを見ると、日本では四半期ごとの家計消費の成長率は平均で0・17%ですが、オーストラリアは0・85%です。なんと5倍も高いのです。

藤井　なるほど。消費税の増税（もしくは導入）による負の影響は、オーストラリアではそれほど大きくないのですね。

ミッチェル　オーストラリアの家計は可処分所得が減少した時、借り入れを増やしてでも支出を維持しようとするからです。一方で、日本の家計はそんなことはせず、消費増税に対して支出を削ることで対応しようとします。これは大きな違いです。日本政府が消費増税を画策すべきでない理由はここにあります。消費増税は「反成長政策」なのです。

❖消費減税こそがGDPの成長に寄与する

藤井　マクロ経済に影響を与える要素は数多くありますが、日本経済においては消費税率が非常に大きな影響を与えます。私は日本経済を救うための、そして「失われた20年」を終わらせるための最も重要な政策上の選択肢は消費減税だと思うのですが、この点についてはどう思われますか。

ミッチェル　統計全体を見ると、日本は輸出額が比較的多いですね。民間投資の割合も落ちているとはいえ、オーストラリアに比べると依然として15～17％ほど高い数値です。ですから、これらは低成長を説明する要因ではありません。政府投資に関しては、日本のインフラは比較的強固ですからこれも説明要因とは言えません。となると、政府がどうやって家計の消費支出を刺激するかという話に戻ってきます。日本は消費税を増税したために消費の刺激に失敗している、というのが答えです。

藤井　そうです。日本ではGDPのうち約55％を家計の消費が占めていますから、消費減税はGDPの成長に大きく寄与することは確実です。

ミッチェル　そうですね。視点を変えてみると、もし政府が消費支出の減少を財政政策で相殺していなかったのであれば――GDPに占める政府支出の割合はほんの少し増えました――状況はもっと悪くなっていたでしょう。日本政府が主流派経済学者の提示する処方箋に従い、消費増税とともに財政赤字を削減していたら、悲劇的な結果になっていたはずです。財政政策による景気刺激は、消費増税のダメージをいくらかは相殺するのです。

藤井　その通りです。日本の政治家の中には、「消費増税は必要であるが、そのマイナスの影響は政府の財政支出で埋め合わせることができる」と主張する人もいます。理論的には同意するのですが、現実は違います。実際には、消費税の悪影響を相殺するほどには財政赤字を増やさなかったのです。というのも政府が自分たちの支出をあえて抑止するために、プライマリーバランス規制によって財政政策は厳しく制限されるべきだ、と彼らはより強力に信じ込むに至っているのです。

要するに、消費増税の負の影響は財政政策によって相殺される、というようなことができる状況に今の政府はおかれてはいないのです。

ミッチェル　主流派経済学者が語るフィクションの1つですね。政府は厳しい制約を課して財政黒字を追求しなければならないのでしょうか。歳入を増やすために消費税を増税するとGDPの成長が阻害され、その結果としてトータルの税収が減るという事実を彼らは無視しています。そして、財政赤字は拡大してしまうのです。

藤井　まったくおっしゃる通りです。たとえば左のグラフを見て分かるように、国債の発

図表 1-3

国債の発行額の推移

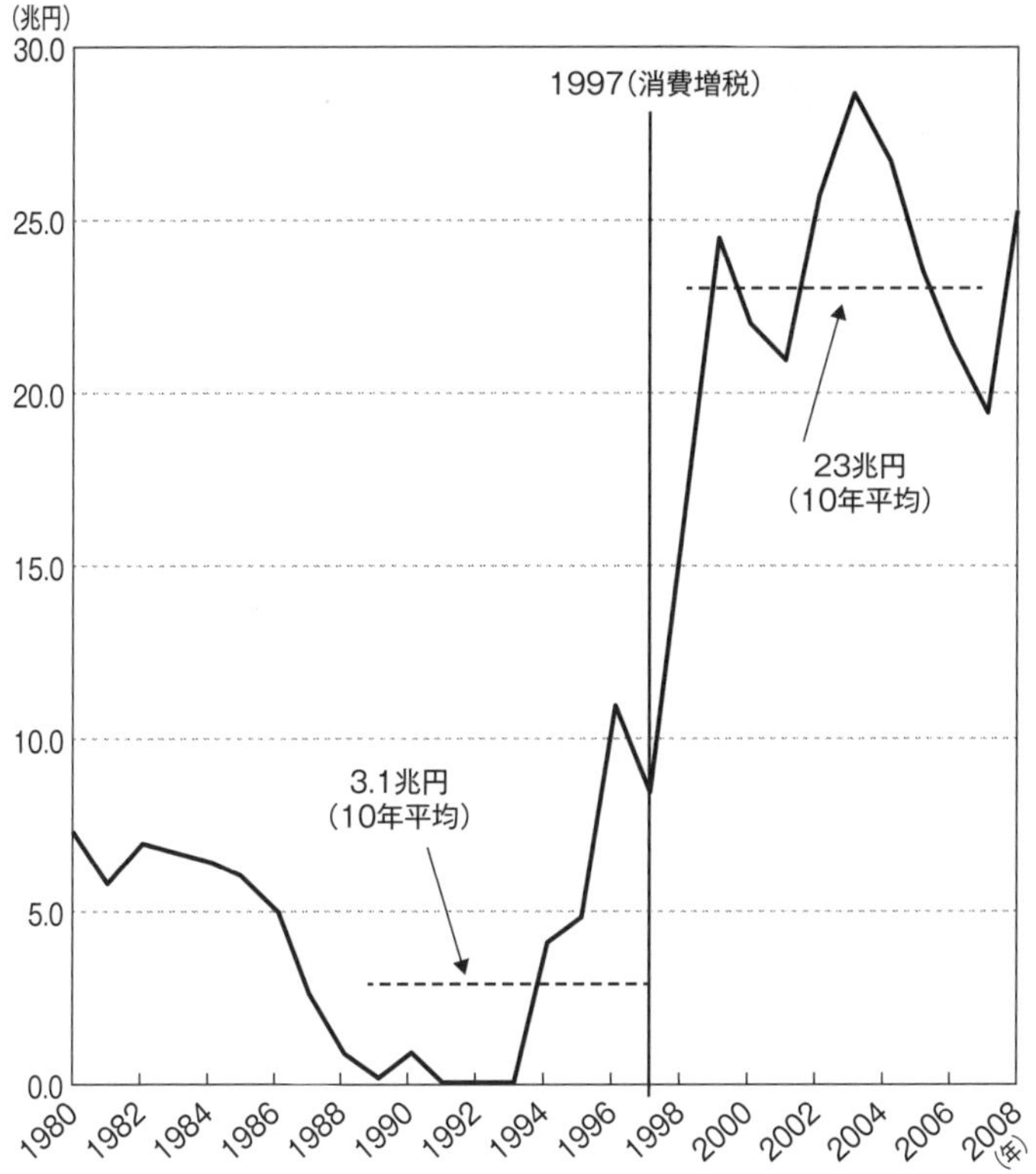

行額は1997年の消費増税後に増大しています。

ミッチェル　経済が低迷したからですね。

藤井　そうです！　消費増税前の10年間は、政府の財政赤字額は平均で年間3兆円ほどでした。しかし、消費増税後すぐに、年間の赤字額は23兆円にまで拡大しました。つまり、この消費増税という政策は、もともと「財政健全化」のために導入されたにもかかわらず、実際には財政を「悪化」させたのです。つまり、財政健全化という目標にとって、完全に逆効果だったのです。

ミッチェル　一般的に、緊縮財政は見当違いの政策的アプローチですからね。政府支出を削減しようとすることにより、実際にはネットの政府支出が増大してしまい、しかも失業者も増えてしまうという典型的な例ですね。

◈ 1995年頃には安定を取り戻し始めたが……

藤井　そして、次のグラフは消費増税の負のインパクトを明晰に描写しています。グラフの実線は、1981年から2016年までのGDPに対する民間部門の負債の割合を

図表 1-4

消費増税の負のインパクト

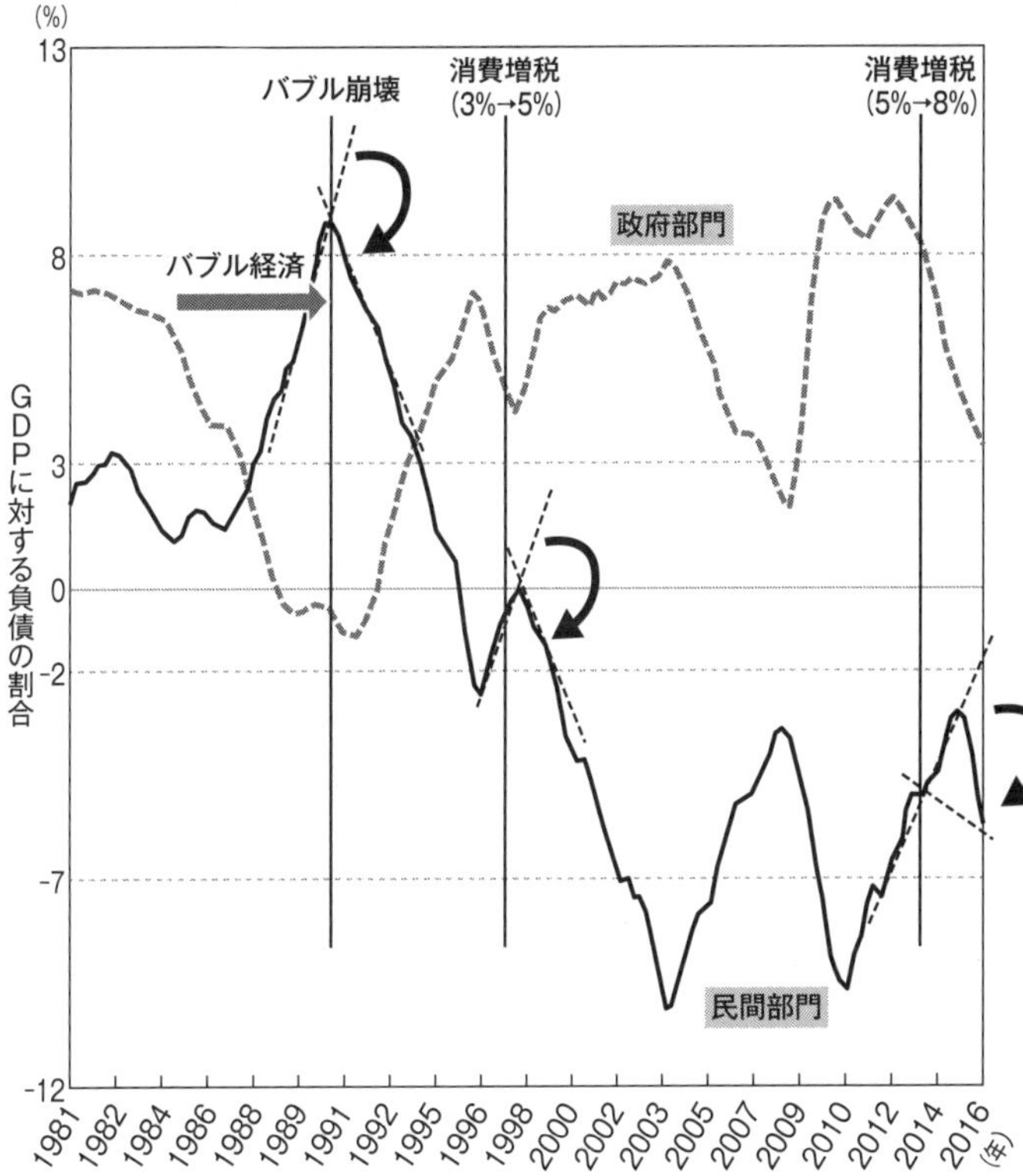

示しています。点線は政府の負債の割合です。

ミッチェル　このグラフはこれらの割合の前年からの変化を示しているのですね。

藤井　そうです。民間と政府の負債のGDP比が前年からどれだけ変わったかを示すものです。海外部門の影響を差し引けば、この2つははっきりと正反対の関係になっています。つまり、政府と民間という2つの経済主体があり、民間部門の黒字は政府部門の赤字であるということです。

ミッチェル　鏡写しの関係ですね。MMTが議論のスタート地点として強調するポイントの1つです。

藤井　そうです。これは多くの主流派経済学者たちが無視している非常に重要な点です。グラフを見ると分かるように、実線（民間部門の負債の割合）はバブル経済だった1990年まで拡大しています。バブル期には、民間部門は急速に負債を積み上げていたのです。しかしバブル崩壊以降、民間部門の負債割合は著しく減少しています。そして、民間部門が負債を減らすのと同時に、政府部門の負債割合は拡大しています。これは鏡写しの関係に基づく、必然的な帰結、ですね。つまり、バブルが崩壊して民間が負債を縮小せざるを得なくなって、その結果、必然的に政府負債が拡大していった、ということです。

それから消費税を増税した１９９７年以降、民間部門の負債割合はマイナスに、つまり黒字になったのです。

ミッチェル　政府の負債が増加していた期間、日本政府はバブル崩壊後の経済をサポートするため財政政策の戦略を財政拡大の方向に大きく変えました。そして１９９５年か96年頃までには、日本経済は安定性を取り戻し始めました。ＧＤＰの成長をサポートすることで、政府は民間部門が負債の水準を引き下げる余地を提供したのです。

藤井　そうですね。そして、グラフを見ると、そうした政府サポートが続いたおかげで、最終的に１９９６年から民間の負債は「縮小」方針から（消費増税がなされた97年までの一瞬の間だけ、ですが）「拡大」方針となっていったのが分かりますね。つまり、政府サポートのおかげで企業が再び投資を再始動する状況に立ち至ったわけです。そうなると、政府サポートの規模を縮小することが可能となって、政府負債は96年から97年にかけて、縮小させていくことが可能な状態になっていたわけです。

ミッチェル　しかし、１９９０年代中頃から、欧米や日本の経済学者の多くが日本政府に対して、財政赤字を何とかしろとプレッシャーをかけ始めました。当時の財政赤字の水準はGDPの10％ほどで、歴史的な水準から見れば比較的高いとされていたからです。そうした政治的圧力により消費税が増税されました。それから何が起きたのかは知っての通りです。

ポール・クルーグマンの圧力

藤井　そうした政治的圧力は日本の外からかかっていたとお考えですか。

ミッチェル　主に英語圏の経済学者たちから、政府に対して強い圧力があったのです。

藤井　たとえばポール・クルーグマンのような経済学者ですね。

ミッチェル　ポール・クルーグマンは、ネットの政府支出を減らさなければ悪い結果が起きるだろうと予測していた経済学者の一人でした。当時はちょうど、私が日本経済について研究し始め、議論を追っていた時期でした。日本政府は1995年から96年にかけて巨大なプレッシャーにさらされていたのであり、それによって消費税が3％から5％に引き上げられたのです。

当時、日本国内でどういった動きがあったのかは分かりませんが、日本国外では財政赤字を減らすよう政府に求める大きな圧力がありました。とりわけ、IMFは緊縮政策を要求する機関として有名になりましたよね。

藤井　そうですね。日本では直接税と間接税をめぐる長い議論がありました。特に20世紀末にかけて、日本とアメリカやEU諸国とでは間接税と直接税のあり方に大きな違いがあるという議論が盛んに取り上げられていました。日本の経済学者は、日本は間接税の比率を上げるべきだと常に主張していたのです。

ミッチェル　ですが、そうした議論は世界中で盛り上がっていましたよね。というのも、主流派経済学者によれば、所得税もしくは直接税は人々の勤労意欲を削ぐものだからです。

藤井　主流派経済学者たちはいつもそう言っていますよね。

ミッチェル　ホントにそれは世界的な議論の潮流だったのです。

藤井　興味深いことに、彼らは消費支出に関する政策変更が及ぼす負の影響をいつも無視していました。１９９０年以降、日本政府はミッチェルさんがおっしゃる通り、バブル崩壊の悪影響を相殺するために非常に大規模な財政拡張政策を実施しました。そうした財政刺激策を3、4年ほど続けましたが、その後、財務省（当時は大蔵省）がそうした政策は非常に危険だと主張し始めました。財務省によれば、財政拡張は日本経済に深刻な悪影響をもたらすというのです。また経済学者たちは、バブル崩壊は日本経済に非常に悪い影響を及ぼしたが、バブル崩壊に対処するための財政拡張によって政府の負債が増えると、より深刻な結果がもたらされるだろうという議論を展開していました。したがって、財政拡張政策を転換すべきだと主張したのです。これがバブル崩壊後に緊縮政策を主張した人々の典型的な立場です。

つまり、日本には2つの議論があったのです。1つは間接税の比率を引き上げるべきだという議論、そしてもう1つは、財政拡張は財政危機をもたらすだろうという議論です。そして、この2つの議論を組み合わせることで消費増税が正当化されました。こうした理屈は、ポール・クルーグマンのような経済学者のアドバイスを含む、国際的な議論によって支持されていました。

ミッチェル　IMFもそうですね。一般的に経済学の専門家は皆、政府に対して緊縮政策を導入し負債を削減しなければならないという、新自由主義的な政策提言を行うことに躍起になっています。これはどこでも見られる光景です。たとえばオーストラリアでは、1996年に誕生した保守政権が財政赤字を削減し、黒字を積み上げる政策を実施し始めました。それでもオーストラリア経済が崩壊しなかった理由は、家計が支出を維持し続け、家計負債が劇的に増大したからです。

藤井　日本の家計は絶対にそうしないですね。

ミッチェル　そして土台となる条件も異なります。問題は、家計の負債水準の増加に依存する成長戦略は不安定であり、持続可能ではないということです。現在、オーストラリアの家計の負債額はあまりに多すぎます。重要な点は、政府の緊縮政策に対する家計の反応の仕方は、オーストラリアと日本では大きく異なるということです。財政赤字を削減する圧力が日本政府にも同様にかかっていましたが、日本の家計は可処分所得の減少を埋め合わせるために負債を増やすことなど決してしないので、背景が全く異なるのです。

同じ間違いを3回犯した

藤井　日本政府が消費増税を実行したあと、経済状況は悪化し、民間企業は将来にわたって所得は横ばいのままだろうという期待を形成するようになりました。いわば、「デフレマインド」が広まったということです。結果として民間企業は投資を減らし、内部留保をため込むようになりました。

先ほどのグラフを見ても分かるように、民間部門の赤字が減少すると同時に政府部門の赤字は増えています。鏡写しの関係です。

ミッチェル　全く対照的ですね。

藤井　そうです。このことは、両部門の相互関係をはっきりと示しています。政府部門の負債の割合を減らすためには、デフレマインドを終わらせて経済成長に向けた景気刺激を実行しなければなりません。日本政府は高いＧＤＰ成長率の目標を定めるべきです。問題は、今の政府は決してそんなことはしないだろうということですが。主流派経済学の政策を採用し、消費税の増税を選択してしまう政府ですからね。

ミッチェル　バブル崩壊後に経済が安定していた一時期のように、民間企業が内部留保をため込むのではなく、利益を再投資するのを促すような楽観的な環境を提供するのが良い戦略でしょう。日本政府が１９９７年にやったことは、投資を拡大するのは望ましくないという悲観主義を企業の間に蔓延させることでした。この種の悲観主義は自己増殖的であり、悪循環にはまっていきます。これは非常に大きな政策の誤りだったのです。

藤井　その通りです。この説明はかなり明快ですし、誰でも簡単に理解できるものだと思います。因果関係を示していますからね。しかし、政府内の多くの人々はこの理屈を理解しておらず、主流派経済学者の多くも全く理解していません。なぜ彼らは理解できないのでしょうか。

ミッチェル　人は皆、間違いを認めたくないものですからね。政策的アドバイスをしてきた年長世代の経済学者たちは、誤った理論モデルによって評価を築いてきました。しかし、そのアドバイスが間違いだと証明されてしまったら、彼らはどうするのでしょうか。「ごめんなさい。私たちは間違っていました」と言うのでしょうか。そんなことはしないでしょう。彼らは別の言い訳を考えるはずです。

藤井　とても心理学的な説明ですね。おっしゃる通りだと思います。

ミッチェル　彼らの名声がかかっていますからね。彼らは誤りを認めようとせず、政策の失敗を説明できる別の理由を探します。「政府は正しい政策を厳格に適用しなかったからだ」といった言い訳をするはずです。

マーガレット・サッチャーがイギリスの首相になり、厳しい緊縮政策を課した19

80年代初頭のことが思い出されます。その結果は悲惨なものであり、政策の土台となっていたマネタリズムの主要な考えは否定されることになりました。評論家はマネタリズムは誤りだったと指摘しましたが、ミルトン・フリードマンなどは「サッチャーは十分に政策を実行しなかったからだ」といった反応を示しました。彼らは誤りを認めないのです。

藤井　間違った政策を繰り返し続けるというわけですね。

ミッチェル　日本の場合、同じ間違いを3回も犯しましたね。

藤井　そうです。3回の消費増税のうち、2回は安倍元総理の時代に実施されました。安倍氏はいわゆる「アベノミクス」と呼ばれる拡張的財政政策を導入した一方、デフレが終わろうとしていたまさにその時に2回も消費税を増税したのです。

ミッチェル　そういうことです。

藤井　実に悲しい話です。

ミッチェル　そうですね。非常に大きな間違いでした。世界金融危機（リーマンショック）の前、日本経済の状況は財政的サポートによって改善しつつありました。それが続いていれば、現在の状況は非常に良くなっていたはずです。しかし問題は、主流派経済学者のプレッシャーのもとで怖気づいてしまい、さらなる消費増税という罠にはまってしまったことです。

消費増税によって経済が失速することは、経済について多少なりとも理解のある人なら皆分かっていたでしょう。このことは、「1＋1＝2」であるのと同じくらい明らかです。ここで藤井さんに質問があります。政府内で政策のアドバイスをする立場にいた藤井さんから見て、なぜ政府内の人々は消費増税が成長戦略を毀損するであろうことが分からなかったのでしょうか。

経済停滞はコロナ禍のせいではなかった

藤井　先ほどお見せしたグラフには、消費増税後のGDP成長率と賃金の状況、そして消費支出の推移が載っていますが、この種のグラフを政府内の会議で見たことは一度もありませんでした。彼らはいつも短期のグラフだけを見て、消費増税が経済に負の影響をもたらすことはないと考えていました。これは一種の認知的不協和の結果です。

ミッチェル　「集団思考」（Groupthink）とも呼びますね。

藤井　そうです。これは典型的な集団思考の一例です。先生がおっしゃったように、彼らは間違いを認めたくないのです。これこそがおそらく最も大きな理由だと思います。日本の経済学者の90％以上は、消費増税は必要だと信じていました。彼らはこれらのグラフは見ないで、教科書を読むだけです。結果として、主流派経済学者たちは今グラフで示したような現実の経済状況が本当に分からなくなってしまうのです。

ミッチェル　しかし、それでは内閣府にいる経済学者たちは消費増税による負の影響をどう説明しているのでしょうか。

藤井　増税後すぐに、彼らは経済が収縮してしまったことを理解しましたが、その後、新型コロナウイルスや円安といったネガティブな出来事が立て続けに起きました。

そこで政府内にいる経済学者たちは、経済全体の不調をこうした他の出来事と関連付けて説明し始めました。彼らは真実を隠したのです。この種の現実の否認は、政府内の経済学者たちにとって非常に都合の良いものでした。つまり、彼らはこう結論付けたのです。「ああ、この経済停滞はコロナ禍のせいだから、コロナ対策をしなければ」と。こうして彼らは、消費増税の負の影響を無視することができたのです。ですので、そういう彼らの誤りを明らかにするために最近、私は２０１８年から現在までのＧＤＰ成長率を示した次ページのグラフをいつも使っています。

ミッチェル　直近の増税は２０１９年の10月ですが、この時はコロナ禍の前ですよね。

藤井　ええ。コロナ禍の前です。

ミッチェル　グラフを見るとコロナ禍前に大きな落ち込みがありますね。

藤井　そうです。重要な点は、消費税を増税した２０１９年10月に、およそ年率で16兆円もの実質ＧＤＰが消し飛んでしまったということです。このすぐあと、今度はコロナ禍の影響で再びＧＤＰが急速に落ち込みました。

ミッチェル　コロナ禍前の２０１９年10月から12月期の四半期は、家計の消費支出の落ち込みが非常に大きいですね。

藤井　そうです。このグラフはそのことを非常に分かりやすく示しています。実質ＧＤＰの減少はコロナ禍によるダメージが加わる前から起きていたのであり、消費増税によって引き起こされたのです。しかし、主流派経済学者や政治家たちは、このことについて全く議論しません。グラフを見れば一目瞭然であるにもかかわらず、政府内の会議でこの種のグラフを見ることは決してありません。

ミッチェル　計量経済学では介入分析という手法がありますが、消費増税という政治的介

図表 1-5

GDP成長率(2018～2022年)

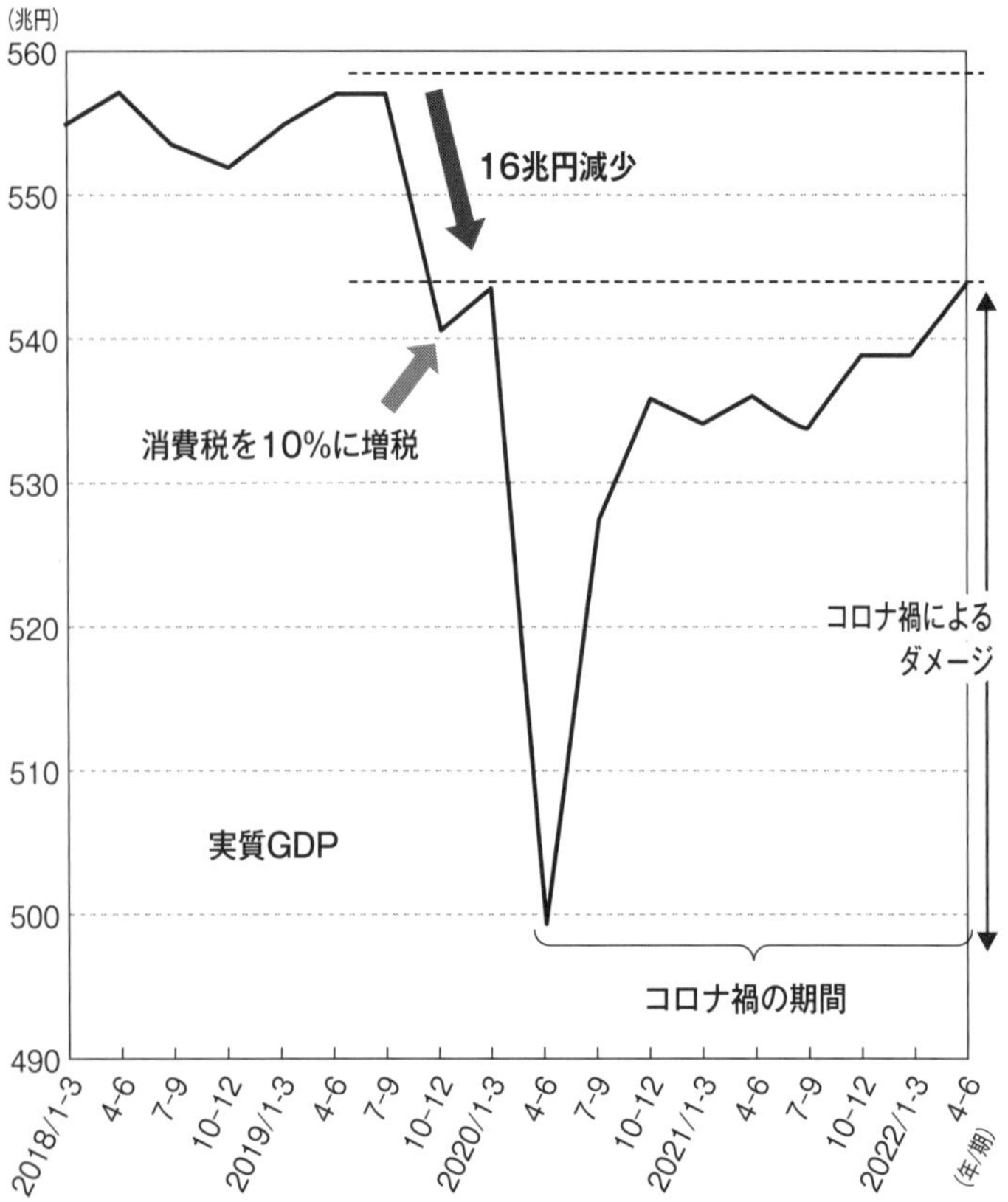

入の影響をモデルに組み込めば、それが統計的に見てきわめて大きな負の影響をGDPに与えることが分かるでしょう。他の関連する要素をすべて切り離してみても、消費増税は非常に大きなマイナスの係数となるはずです。

❖主流派経済学の思考はイデオロギー

藤井　以前、税の問題を扱う学術誌が消費税の問題について特集するということで、寄稿を依頼されたことがあります。その号では確か、6、7人の経済学者が論考を寄せていました。しかし、消費増税は経済に負の影響を与えるだろうと主張した学者は私だけでした。他の寄稿者たちは皆、消費増税は正しい政策であり、負の影響は最小限にとどまるだろうと主張していました。でも、このグラフを見ればどちらが正しかったかは明らかです。

ミッチェル　それこそがまさに「集団思考」です。ある人は「衆愚政治」（mob rules）の一例として描写しています。たとえば、マフィアにおいてメンバー全員を組織のルールに従わせようとするための方法などが典型ですね。誰もルールの外に出ようとは思いませんが、藤井さんは思いっきり外に出ましたね（笑）。

藤井　そのせいで多くの友人を失ってしまいました（苦笑）。ですが、私たちは学者として、たとえ集団思考に従わせようとする圧力があったとしても、真理のために戦う必要があります。日本の消費税をめぐる議論を理解する補助線として集団思考という概念を導入しましたが、なぜこれほど明白な事実を否定する風潮が広がっているのかを理解するうえで、集団思考というのは最も分かりやすい説明ですね。

ミッチェル　私はいつも言っているのですが、主流派経済学の思考はイデオロギーであり、科学ではないのです。科学を装い、経済学者同士で支え合ってはいますが、間違いを認めようとはしません。日本における消費税の問題はその典型例です。彼らはデータが示すものを認めません。しかし、このグラフで示しているデータこそが事実であり、現実に起きていることなのです。

藤井　その通りです。そしてもちろん、このデータは政府が公表しているものであり、私たちが自ら作成したものではありませんからね。

ミッチェル　集団思考の重要な側面は、私たちの目の前にある現実を否定することです。こうした集団の中にいる人々は、現実の世界から乖離した典型的な振る舞いをし始めます。グループのメンバーはグループ内で、現実世界を否認するような用語を使って議論します。これが、主流派経済学者たちがフィクションの世界を作り上げる理由だと思います。

藤井　私もそう思います。もし日本の家計が消費増税後も消費支出を維持するのであれば、経済学者たちの考えは正しいかもしれませんが、実際には全くそんなことはありませんからね。

ミッチェル　可処分所得が落ち込んだ時に消費支出を維持するのであれば、貯蓄を切り崩すか、あるいはオーストラリアの家計が行ったように、借り入れを増やすしか方法はありません。しかし、そうした方法は悪い結果をもたらします。

◈ 現在の日本経済は「スタグフレーション」

藤井　ここまでコロナ禍以前の時期について議論してきましたが、2022年の夏前からは、日本でも輸入物価の高騰という形で世界的なインフレ圧力の影響が現れています。現在、CPI（消費者物価指数）は2～3％の上昇率を示していますが、これは過去30年で最も高い数字です。

しかし、一般の人々はある種の混乱の中にいるようです。たとえば、私は日本経済はデフレであると常々言っているので、彼らは現在CPIが上昇している事実を見て、「藤井さん、今の日本経済では、一体何が起きているんだ？」と私に言ってきます。言い換えれば、彼らは遠回しに「今の日本経済はデフレだ」という当方が主張してきた見立てが間違っているのではないかと言っているのです。

ついては私は説明の仕方を一歩進めて、現在の日本経済の状況は「スタグフレーション」であると述べるようにしています。というのも、国内経済の土台部分はデフレであるものの、輸入物価がCPI（物価）を引き上げているからです。スタグフレーションというのは、一般にデフレ基調で賃金が下がっていく中で、物価だけが上がる、人々にとっては最も苦しい経済状況をいうわけで、したがって、これは非常にまずい状況だと考えています。この点についてどうお考えですか。

ミッチェル　CPIを短期的に大きく変化させ得る一時的な要因と、長期で見た場合の構造的要因を分けて考える必要があります。その意味で、日本にはある根本的・構造的な要因があります。それは非常に低い賃金の伸び率と、民間企業が投資の加速に乗り気でないことです。これらは今や日本の経済・社会システムに埋め込まれており、短期的に輸入物価の上昇が収まったとしても変わらないでしょう。

現在、インフレ圧力を生じさせている要因は一時的なものです。こうした要因のほとんどは政策担当者のコントロールできる範囲を超えています。たとえばウクライナ戦争や、OPEC（石油輸出国機構）が利益拡大を狙って原油の生産を抑制することや、コロナ禍によって生じたサプライチェーンの問題などです。私の言う「一時的な要因」とはこれらのことです。これらは取るに足らない要素だと言いたいのではありません。現在、他の国よりははるかにインフレ率が低いとはいえ、日本のインフレ率を上昇させているのは間違いありませんから。

藤井　確かに、世界的に見れば日本は最もインフレ率の低い国の1つですね。

ミッチェル　そうです。そしてそれには理由があります。しかし、長期で見た経済の基礎的条件は、依然としてデフレに傾いています。現在は一時的なインフレ要因によって覆い隠されている、もしくは相殺されているだけです。こうした傾向のもとでは、OPECが原油の供給を増やせば価格はすぐに低下しますし、コロナ禍によるサプライチェーンの問題が収まれば……。

藤井　その時には再びデフレ圧力に直面するだろうということですね。

ミッチェル　そこが重要なポイントです。言い換えれば、日本が置かれているデフレという状況と、現在短期的に経験しているインフレの状況は矛盾しないのです。

藤井　経済学者や政治家の中には、こうした一時的な要因と構造的な要因を区別できていない人もおり、結果として彼らは現在のインフレ状況に対して間違った結論を導き出してしまいます。そして彼らはこう言うのです。「藤井さん、今はインフレだから財政拡大なんてしちゃダメだよ」と。もちろん、私はこうした意見には同意できません。なぜなら、現在の日本経済には、今ミッチェルさんがおっしゃった通り、依然としてデフレの力学が働いているからです。したがって、給料や消費支出の増加につながるような財政拡大が必要なのです。

ミッチェル　政策担当者は微妙なバランス調整が求められると思います。供給制約が課されているのであれば、物価圧力と超過需要もしくは超過支出を関連付けるのは簡単です。こうした要因は時が経てば消え去るはずです。

　最良の政策アプローチは、世界の他の国々がやろうとしたことを避けることです。世界中の政策担当者は、失業の拡大や景気後退を招くようなことをやっています。つまり、彼らは金利引き上げや政府支出の削減がインフレの解決策として効果的だろうと考え、実行しているのです。しかし、当たり前ですが、そうした政策によって戦争を止めることはできませんし、コロナウイルスのパンデミックを止めることもできません。

ここでは微妙なバランスが求められます。日本政府や世界中の政府がやるべきことは、インフレによる一時的な生活コストの上昇が終わるまで、各国における低所得世帯や最貧困層の生活が保障されるような政策を確実に実施することです。言い換えれば、政策担当者はこうしたインフレ要因が収まるのを忍耐強く待つべきだということです。しかし同時に、現時点では大規模な財政拡大が賢明な策だとは思いません。微妙なバランスの上に成り立っているのです。

デフレマインドをかき立てるような経済の基礎的条件をシフトさせる必要は明らかにあります。それはその通りなのですが、インフレを招く一時的な要因が存在する時に、あまりに早くシフトさせるのは望ましくありません。そこが問題なのです。

短期的には貧困層を保護し、インフラや公共サービスを確実に維持することが重要であり、慎重に行うのがベストです。

❖ 法人税の増税も必要

藤井　私もそう思います。そこで消費税の減税が、日本の低所得世帯にかかる生活コストの上昇圧力を和らげる最良の方法になるはずです。その理由は２つあります。１つは、消費減税はインフレ圧力を即座に軽減させることができるからです。また、日本がデフレの罠から抜け出るのを助ける役割もあります。長期的に見れば、消費減税はデフレを終わらせるのに適した政策であり、短期的に見れば、目下のインフレ圧力を軽減するのに有益な政策です。したがって、今こそ消費減税を実行すべきなのです。

ミッチェル　日本がとり得る１つの方策ですね。確かに、消費減税は藤井さんが述べたようなインパクトを持つと思います。現在の日本の家計が自分たちの生活水準を維持するためには、借り入れを増やすか、より高い賃金を得るしかありません。しかし、日本の家計は借り入れを増やすことはしないでしょうし、賃金アップも短期ではなかなか実現しないでしょう。ですから、政府が貧しい人々をただちに救うための最良の方法は、減税により可処分所得を増加させることなのです。

藤井　そうです。また、消費減税が必要である一方で、法人税の増税も必要だと考えています。

ミッチェル　法人税率は何％ですか。

藤井　現在の日本の標準的な法人税率は23・2％です。20年前は約45％でした。こうした法人税減税は世界中で行われました。私は、法人税の増税は企業が従業員の賃金を上げたり、投資を拡大したりするインセンティブになると思います。なぜなら、法人税率が高ければ、利益を減らすことで法人税の納税額を減らそうというインセンティブが働くからです。

　賃金の上昇や企業の投資の増加はデフレ脱却というゴールの実現にとって非常に有効な方法です。しかし、日本政府や他国の政府は法人税減税という正反対のことを行いました。給料や投資額は増えず、デフレの状態に置かれたままになっています。

ミッチェル　そうです。私は減税を賃金の増加に対する報酬と捉えています。政府は企業に対して、「もし賃金をX％上げるのなら税制上の優遇を与える」と宣言することができます。これが私の意図していることです。企業はすでに内部留保を溜め込んでいますが、その利益を投資に活用していません。ですから、もしさらなる減税があったとしても、企業は蓄えを増やし続けるだけでしょう。企業の利益を生産的な投資に充てさせたいと望むのなら、ある種の「アメとムチ」のアプローチを採用する必要があります。つまり、企業が何かしら有益なことを行うのであれば、ご褒美を与えるということです。

藤井　確かに、税制はそのように運用されるべきですね。税を政府が予算を確保するための装置としてではなく、経済主体の振る舞いを変化させるための装置として捉えるべきです。税は企業をはじめとする経済主体の振る舞いをコントロールし、変化させるための強力な手段の1つですから。

ミッチェル　つまり、税を政府が支出する際の資金集めの手段として考えるべきではないということです。

藤井　まさにそういうことです。

ミッチェル　ご存じの通り、税は相対的な物価や人々の振る舞いを変化させることにより、資源配分に影響を与えることができます。もし民間企業が投資を増やす気がなく、内部留保を溜め込み続けている問題があるのなら、企業に滞留している資金を投資に使わせるよう、けしかけなければなりません。政策は賢く運用する必要があります。

❖企業の行動を変容させるために

藤井　そうです。再び消費税、あるいは付加価値税に話を戻すと、消費税／付加価値税を世界で初めて導入したのは、第二次世界大戦後のフランスなのですが、その主な目的は国内の輸出企業を優遇するためだったと言われています。

ミッチェル　多くのインセンティブが導入されましたね。

藤井　そうです。それはどういうインセンティブだったかと言うと、次のようなものでした。まず、ＷＴＯのルールにより、各国政府は自国内の輸出企業の国債競争力を高めるために補助金を直接支給することは禁じられている。そんな中でも何とか輸出企業に補助金を支払えないかということで編み出されたのが、付加価値税（消費税）だったわけです。そもそも輸出品の場合はマーケットが海外だから消費税・付加価値税を客から取ることができない、だからその輸出企業は、その輸出品を作る際の原材料費等を買う際に支払った消費税が丸々損をしてしまう。だから政府は、その損失を埋め合わせるために、輸出企業に還付金を支払う、という制度があるのです。ややこしい話しですが、兎に角、たくさん輸出すればその企業はたくさんの還付金をもらえるのです。これが事実上の輸出企業に対する補助金として機能するというわけです。つまり、この還付金制度を通して輸出企業を優遇しようとしたのが、付加価値税/消費税が導入された根本的理由だと言われているわけです。ですから、グローバル化が進めば進むほど、日本を含めた世界各国の輸出企業達は消費税／付加価値税の引き上げを要求し、実際に、消費税／付加価値税が引き上げられてしまう事になるわけです。まさに最悪の話し、です。この点について、同意されますか……？

ミッチェル　90年代以前の日本における消費税の歴史についてはよく分かりませんが、すべての政府は税や補助金を輸出や生産、あるいは人々の行動を変えるインセンティブとして活用しています。そうしたインセンティブはうまく働くこともありますが、そうでないこともあります。また、税の設計が不完全なこともあり、その場合企業の行動を変容させることなく、多くの利益を得させる結果となることもあります。

この種のインセンティブは非常に慎重に設計しなければなりません。しかし、現在の日本の状況を考えるのであれば──多くの余剰資金を抱える企業が存在し、その資金を企業の持つ銀行の預金口座ではなく、投資へと向かわせたいのであれば——何らかの行動変容が必要であり、税に関する施策を通じてそれを実施することができます。

藤井　問題は、法人税の増税を企業の賃上げや投資拡大のインセンティブとして活用できるとしても、資本家は法人税増税を心の底から嫌うということです。

ミッチェル　法人税は資本家にとって唾棄すべき存在ですからね。

藤井　ええ。思いっきり嫌っています。ですから、彼らは政府に対して法人税を減税し、消費税を増税するようプレッシャーをかけるわけです。中でも輸出企業は特にその傾向が、先程申し上げた理由故に強いですね。

ミッチェル　そうです。企業のような特定の経済主体に対して有利に働く政策は多くありますが、この問題はその一例だと思います。そして、法人税減税は株主や資本の持ち主にも有利に働きます。これは分配上望ましくない影響を与えると思います。

そして法人税に関して何らかの決定を下す際には、税制上の優遇が与えられる前に、投資の拡大や労働者の賃金の増加のような目に見える形で社会的利益があることを示さなければなりません。政府がこうしたアプローチを採用しないかぎり、企業は優遇された分の税金を懐に入れてますます富むことになり、構造的な変化は起きないでしょう。

❖ 高金利政策の効果はない

藤井　世界経済の未来についても議論したいと思います。日本を除き世界中の中央銀行がインフレ圧力への反応として金利を大きく引き上げています。高金利政策がこのまま続くと、世界的な経済後退が生じる可能性があります。これは非主流派の経済学者である私の友人が予測していることですが、私もそう思います。ミッチェル先生は現在世界中で行われている高金利政策をどう評価されていますか。

ミッチェル　私は、現在ほとんどの国の中央銀行が採用している金融政策には賛同できません。その理由を説明します。第一に、現在のインフレが何によって生じているのか、解決策を考える前にまず理解しなければなりません。

もしインフレ圧力の原因が供給に比べて過剰な支出にあるのであれば、そしてその支出が利子率に対し反応しやすいものであれば、金利の引き上げは支出を削減し、インフレ圧力は次第に低減していくでしょう。しかし先に述べたように、現在のインフレ圧力はウクライナでの戦争や、コロナウイルスの蔓延によって生じたサプライチェーンの問題や、原油市場におけるＯＰＥＣの振る舞いに起因しています。これらがインフレ圧力の主要な原因です。需要増によるインフレ圧力ではないのです。

ここで質問があります。「金利の引き上げによってこれらの要因は変化するのか？」という質問です。答えは「ノー」です。

藤井　はい。効果はありませんよね。

ミッチェル　金利を引き上げてもプーチンがウクライナから撤退するわけではありませんし、コロナ禍によるサプライチェーンの制約という問題が解決するわけでもありません。アメリカが金利を引き上げることについてＯＰＥＣが何か気にするでしょうか。たぶん気にしないでしょう。つまり、金融政策の変更は現在のインフレ要因に対して影響を与えないだろうということです。これが１つ目の論点です。

２つ目のポイントは、金利が上昇すると何が起きるか理解することです。未払いの負債を抱える企業がビジネスを行う際の生産費が上昇します。特に、もし単位コストの上昇分が消費者に上乗せされたらどうなるでしょうか。言い換えれば、金利の上昇は単位コストを上昇させ、物価高をもたらすということです。金利の引き上げはデフレよりもむしろインフレを誘発するのです。

さらに言うと、金利の引き上げは現在金融資産を持っている人にはポジティブな影響を与えます。金利が上昇すると金融資産から得られる所得が増大するのは周知の事実ですね。そうするとより多くの支出が可能となります。それから、富をほとんど持っていない家計にも影響を与えます。短期的には、こうした家計の一部は現在の支出水準を維持するために借り入れを増やすでしょう。金利の上昇は短期的には、かなり高い確率でデフレよりもインフレを誘発します。

そして中長期的には、中央銀行が金利を引き上げたままにしていると、負債を抱える家計の多くが支払い不能に陥るでしょう。彼らは住宅ローンの支払いができなくなります。そうなると家を失うだけでなく、支出も減ります。人々の支出が減ると企業の売上は落ち込み、企業は雇用を削減します。そして不況に陥るのです。ただ、こうした要因がどのようなバランスで成り立っており、どのタイミングで影響が出るのかはっきりとは分かりません。

藤井　主流派経済学者はよく、金利が上昇すると人々は支出を減らし、高金利によるリターンを多く得るため貯蓄を増やすという議論を展開しますが、これについてはどう思われますか。

ミッチェル　支出を減らす人もいるでしょうし、増やす人もいるでしょう。差し引きでどういった影響が出るのかは誰にも分かりません。高所得の人々が低所得の人々よりも支出を増やすのか、あるいは減らすのかもはっきりとは分かりません。そして、中央銀行は金利が上昇した際に事業コストが上昇することの影響について決して語ろうとしません。

もし市場支配力のある企業が消費者にコスト上昇分を転嫁できるのなら、そうするでしょう。しかし、中央銀行はそうした可能性について言及しません。アメリカのデータを見てみると、金利の上昇に伴って支出額が増大していることが分かります。

藤井　金利が上昇しているにも関わらず、支出が増えているわけですね。

ミッチェル　オーストラリアでは先週、クレジットカードの申し込み数が過去最高を記録したというニュースが報じられました。このことは何を意味するのでしょうか。金利の上昇は人々の支出する能力を削ぐと考えられていますが、今何が起きていますか。人々は利用限度額を大幅に引き上げたクレジットカードを手に入れており、支出水準を維持するために多くの額を借り入れています。しかし、必ずこうしたことが起きるわけではありません。誰も確かなことは分からないのです。

藤井　財政政策の方が、どのような結果をもたらすのかはるかに簡単に理解・予測できますよね。

ミッチェル　そうです。はるかに簡単ですね。財政政策の場合、政府はお金を直接経済に注入しますし、複合的な効果の引き金となります。注文や売上は即座に増え、雇用や生産の増加をもたらします。これは誰でも理解できることであり、予想も比較的簡単です。一方で、金融政策は非常に不確実なのです。

藤井　金融政策は非常に間接的な政策アプローチということですね。

ミッチェル　そうです。これまで議論してきたように、金利の変更は経済内の様々なグループに様々な経路で影響を与えるため、何が起きるのか予測が非常に難しいのです。

日銀の低金利政策は正しい

藤井　現在、日銀が採用している低金利政策についてはどう思われますか。

ミッチェル　正しい政策だと思います。財政政策と金融政策は日本経済を支えていると思います。これまで議論してきたように明らかな政策的間違いもありますが、現在は低金利環境が日本経済を支えているのは間違いありません。一方で、他国の政府は経済の土台を徐々に弱くさせようとしています。藤井さんの友人の経済学者は世界的な景気後退が起きるかもしれないと予想したそうですが、その予想は正しいでしょう。ただ、私の考えでは、景気後退は財政的な反応に起因して発生すると思います。

たとえばオーストラリア政府は、低所得世帯にのしかかるインフレ圧力を和らげるための財政出動を行わない方針を示しています。先週、オーストラリア政府は財政政策に関する声明を公表しました。オーストラリアの首相は、低所得世帯向けの現金給付などの政策を行うつもりがないと説明しています。というのも、もしそうした政策を行うのなら、中央銀行は財政刺激策の影響を相殺するために金利をさらに引き上げると考えられるからです。

問題は政府が緊縮政策を追求しているということです。そしてそれにより、金融政策の政策変更よりも、さらに急速に経済は景気後退に向かうでしょう。もし政府が支出を削減し始めるなら、すぐに景気後退が発生します。金融政策の効果は非常に不確かであり、我々には確かなことは分かりません。

藤井　なるほど。コロナ禍に対応する中で、アメリカやEU諸国は経済を支えるために非常に大規模な財政拡張を実施し、世界的な不況が発生するリスクを軽減させたと思うのですが、この点についてはどうでしょうか。

ミッチェル　確かに大規模な財政拡張によりリスクは軽減しました。パンデミックの初期の段階──2020年から2021年にかけて──財政刺激策は家計の所得をある程度支えました。多くの家計は感染対策上のアドバイスに基づく様々な制限を受け、サービス消費を中心に支出を削減しました。データを見ても、貯蓄が増えたことが分かります。現在、家計は貯蓄を減らすことでインフレ圧力に対応し、名目での支出水準を維持しています。ただ、このやり方には限界があり、いずれ蓄えは尽きてしまうでしょう。

藤井　財政拡大はウクライナ戦争や目下のコロナウイルスの脅威、あるいはOPECの原油価格の引き上げによってもたらされる不況の傾向を抑えることができますよね。

ミッチェル　何らかの目標を定めた財政政策であればそうです。

藤井　生活費の上昇やサプライチェーンの問題などを克服するための政策ということですね。

ミッチェル　１９７０年代に何が起こったか考えてみましょう。当時は原油価格が高騰していましたが、物価とともに賃金も上昇していました。労働組合が今よりもはるかに強く、賃金の上昇に影響を与えることができたからです。石油の輸入に依存する国家では、一度原油の輸入価格の高騰を経験すると、労働者と資本家の間で起きる分配をめぐる戦いは、インフレをさらに激しいものにするメカニズムとして働きます。労働者と資本家はともに、原油の輸入価格の上昇に起因する実質所得の減少を他方に引き受けさせたかったのです。これが１９７０年代に起きたことであり、日本が長期にわたるインフレを経験した理由です。

その一方で、現在の日本では賃金の上昇圧力は全く起きていないですよね。

藤井　ええ。ずっと弱いままです。

ミッチェル　現在は世界のどの国でも、１９７０年代に起きたような物価を上昇させる名目賃金の上昇は起きていません。むしろ、かなり大幅な実質賃金の下落が起きています。つまり、購買力が落ちているということです。１９７０年代とは全く異なる状況です。

藤井　そうです。当時よりも深刻な状況ですね。

ミッチェル　1970年代には、財政拡大は適切な政策ではありませんでした。しかし今では……。

藤井　財政拡大は労働者の賃金上昇に寄与し、日本がデフレの罠から脱却するうえで重要な役割を担うはずです。

ミッチェル　何らかの財政的サポートが必要ということです。低所得世帯にとっては特にそうですね。

政府は巨大な金融危機の発生を阻止できる

藤井　私が心配しているもう1つの問題は、ミンスキー・モーメント（いわゆる「バブル崩壊」が生じる瞬間の事。つまり、民間投機に伴う民間負債が相乗果的かつ加速度的に拡大し続けていった挙げ句に、株・債権・土地等の価格の下落が市場全体で共通予期された瞬間に、手持ちの株・債権・土地等を皆が投げ売りし出し、それらの価格が実際に暴落し、投機家達が皆巨大債務を抱え込む事になる瞬間）が生じるのではないかということです。というのも、コロナ禍に伴う規制と財政拡大が合わさることで、家計は貯蓄を増やし、銀行口座に資金が積み上がっていくからです。一部のマネーは投機に向かうでしょう。たとえば、日本の不動産市場は1980年代のバブル期のような様相を呈し始めています。この点についてはどう思われますか。

ミッチェル　多くの国がここ数年、不動産バブルを経験しているのは明らかです。しかし、世界金融危機から我々が学んだのは、政府は中央銀行を通じて深刻な金融危機が発生するのを防ぐ力を常に持っているということです。政府はいつでも銀行の預金を保護することができます。そのために必要な通貨を際限なく保有できるからです。

ＭＭＴが教えてくれる論点の1つは、政府は政治的意志さえあればいつでも、巨大な金融危機の発生を阻止できるということです。世界金融危機の際に、政府がその能力を遺憾なく発揮したのを私たちは目の当たりにしました。リーマンブラザーズが破綻した時、人々は世界の金融システムが崩壊するのではないかと心配しましたよね。しかしその時、中央銀行の大規模な介入がありましたね。スワップの合意や巨大な資金援助が実施されました。多くの民間銀行が国有化され、預金者は保護されました。

この教訓から学んだことは、政府や中央銀行は、大規模なミンスキー・モーメントの発生を止めようと思えば止められるということです。損失が発生しないわけではありませんし、バブルの崩壊を経験しないというわけでもありません。ご存じのように、中国の不動産市場では巨額の投機が行われ、巨大企業がトラブルに直面していることも事実です。

最近ある人に、中国政府はこうした市場が崩壊するのを許すのだろうかと尋ねられたので、私はそんなことはないと答えました。中国政府は、不動産セクター全体が崩壊するのを決して許さないでしょう。そして、政府にはその能力があることを私たちは学びました。

１９３０年代の大不況期には、政府の対応はひどいものでしたし、それが不況をより悪化させた理由でもあります。私たちはそこから学び、２００８年の世界金融危機の際には、金融の安定性を維持するための政府支援という点で、全く異なる結果を得ることができました。

不動産市場では何らかの調整が行われるでしょうし、その調整は時に強力なものとなるでしょう。ただ、不安や恐怖の感染（contagion）につながるわけではありませんし、金融システム全体を弱めるわけでもありません。

藤井　その通りです。ケインズやＭＭＴの学者たちが構築した多くの理論のおかげで、ミンスキー・モーメントが発生する可能性は低下し、そして、それが生じてしまった後の被害を最小化することに成功しています。もしリーマンショックのあとにアメリカ政府が介入を行っていなければ、国際金融システムは崩壊していたでしょう。アメリカ政府の介入によって負の影響はいくぶん低減しました。しかしそれでも、リーマンショックは深刻な影響を与えましたよね。

※コロナ禍での不十分な所得補償

ミッチェル　世界金融危機の際に政府がとった対応に問題があるとすれば、それは銀行を保護したことだと思います。政府は銀行の株主やCEOたちを守りましたが、それに比べると低所得世帯に対する保護政策はあまりに弱いものでした。リーマンショックの負の影響の大部分は、低賃金の労働者や失業者たちが被ったのです。たとえ政府が大規模な金融崩壊を防ぐために十分な財政的支援を提供したとしても、こうした分配上の問題は残ります。つまり問題は、政府が普通の労働者を十分に保護しなかったことなのです。

たとえばオーストラリアでは、4つの大手銀行が国際金融市場において、多額の短期的な資金調達に依存していたために破綻の危機に瀕しており、再融資を求めていました。短期的な資金調達市場は、リーマンブラザーズが破綻した10月には干上がっており、民間銀行は負債を繰り越しできない状態でした。そこでオーストラリア政府はこれらの銀行に保証を与えることを決断しました。

これは、銀行のバランスシートが再編可能になったことを意味します。もしこれらの大銀行が破綻してしまったら、人々が預け入れていた多額のお金が消失してしまい、その影響が経済および金融システム全体に波及してしまうため、オーストラリア政府は銀行の破綻を防いだのです。政府は大規模な金融崩壊は防ぎました。しかし、それでも多くの人々が被った損失が最小化されたわけではありませんでした。私が強調したいのはこの点です。

藤井　政府は金融崩壊を防いだものの、その介入政策は所得の低い人々にとっては十分ではなかったということですね。

ミッチェル　そしてこれと同じことが、新型コロナウイルスのパンデミックにも言えます。オーストラリア政府は所得の大部分を保護しましたが、臨時雇用者のほとんどは所得の保護政策から除外されたのです。このことは臨時雇用者たちにとって非常に大きな打撃でした。

藤井さんも私もバンドをやっていますが、オーストラリア政府はミュージシャンやアーティストに対する支援を拒否しました。彼らは12か月間1つの仕事に継続して従事していなかったからです。政府は多くの人々を保護しましたが、社会の中で重要な位置を占めるこの階層（臨時雇用者たち）は支援を受けることができず、非常に不利な立場に置かれたのです。

藤井　世界の大多数の政府は、感染症対策に伴う規制から生じた所得の損失を補償しようと努めました。イギリスでは3、4か月の間、すべての人々がコロナ禍以前に得ていた所得の少なくとも80％を受け取ることができました。

ミッチェル　オーストラリアでも同じような補償がありました。

藤井　しかし、臨時雇用者は除外されたのですね。

ミッチェル　除外された階層の労働者たちがいたのです。これは大きな問題です。政策自体は正しいものでした。政府が強制したロックダウンにより多くの人々は働きに行くことができなくなりましたが、その後大部分の人々の所得を補償したわけですから。

しかし、特定の階層の人々に対しては補償がなかったのです。働くことができず、かつ政府の所得補償を受ける資格も持てなかったというのは本当にひどいことです。

藤井 そうですね。私は、日本政府が低所得世帯を助けるために実施した財政政策は世界で最低の水準だったと思います。少なくとも、先進国の中では最悪でした。たとえば、日本政府は国民に10万円を一律給付しましたが、3年間でたった一度しか給付しませんでした。

ミッチェル 継続的な所得補償はしなかったのですか。

藤井 しませんでした。たった一度の給付金のみです。

ミッチェル しかし、日本政府は人々が働くこと自体を禁じたわけではないですよね。オーストラリアでは政府が店舗を休業させましたから、労働者は働きに行けなかったのです。

藤井 そうですね。この10万円の給付金は人々の状況にかかわらず全国民が受け取りました。政府は国民から批判されるのを嫌って、個人や世帯ごとの具体的な経済的事情について考慮したがらなかったのです。批判を避けるために、全国民に一度きりの給付しか行わなかったということです。

私は、生活資金を必要としている人、所得の低い人、助けを必要としている人にもっと給付すべきだったと思います。しかし、日本政府の振る舞いを見ると、国民の幸福を最大化することよりも政府に寄せられる批判を最小化することを常に優先させていることは明白です。

ミッチェル　パンデミックの間に私がオーストラリア政府を批判したのは、特定のグループを補償から除外したからでした。政府は全国民の所得を補償すべきだったのです。それがフェアでしょう。オーストラリア政府には財政的な制約はなく、労働者の階層にかかわらずすべての労働者に十分な所得のサポートを提供できたはずです。ですから、このことがオーストラリアにおける問題だったと思うのですが、日本での問題は異なるように思えます。

◈政府に対して積極的に要求しなかった日本人

藤井　もう1つグラフを見てみましょう。次のグラフからは、コロナ禍によってもたらされた経済的問題に対して、政府の財政支援がどれだけ有効だったかということが分か

図表 1-6

実質GDP成長率(2019年から2021年の差)

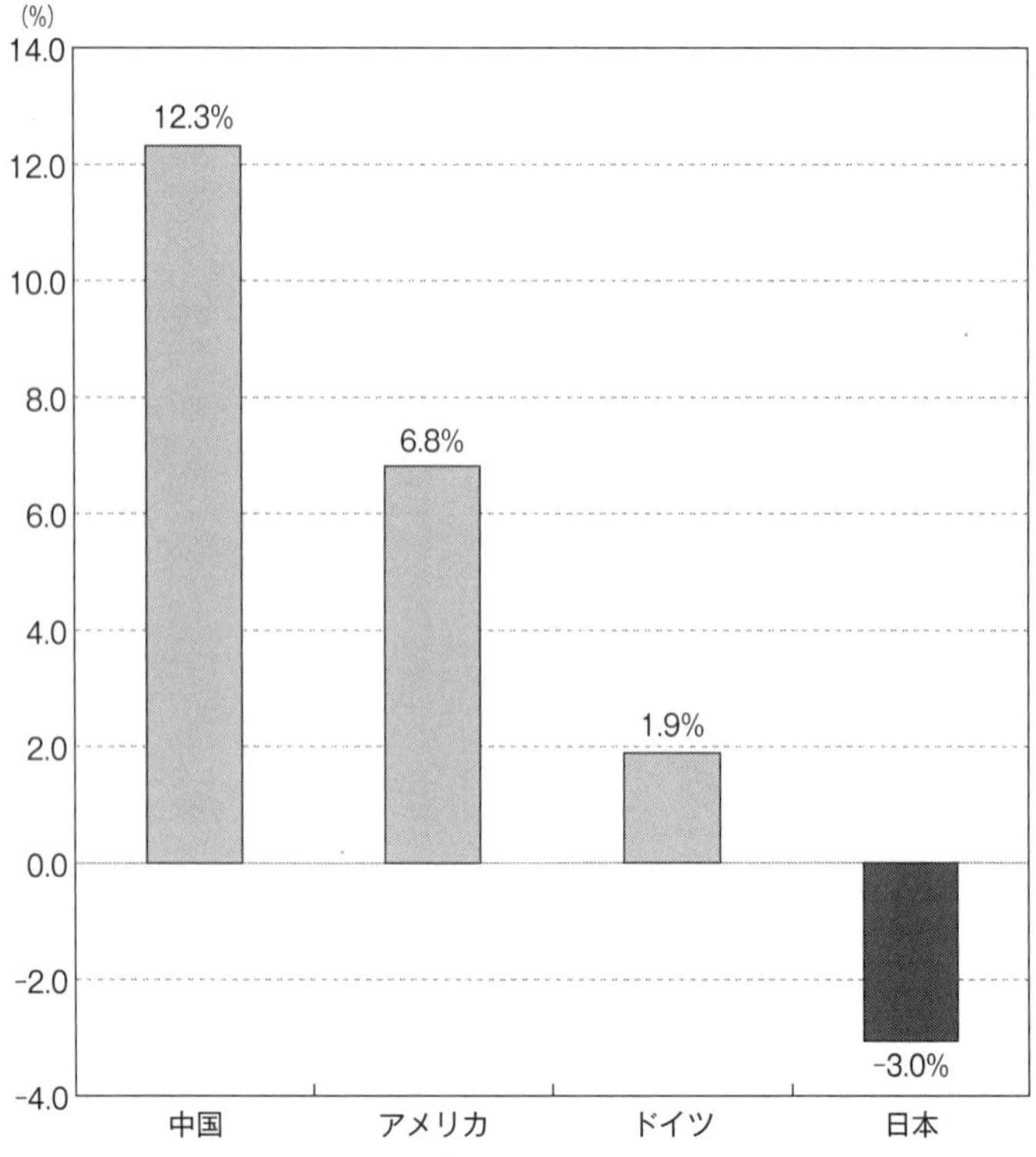

ります。このグラフは２０１９年から２０２１年にかけてのＧＤＰ成長率のデータ、つまり「コロナ前」と「コロナ後」のデータを示しています。この2年間の成長率を見ると、中国は12・３％、アメリカは６・８％、そしてドイツは１・９％です。しかし、日本はマイナス３％を記録しています。これは最も低い成長率だと思います。

ミッチェル　２０１９年の消費増税も一部影響していますね。

藤井　それも間違いなくあるでしょうね。しかも、インフレ率を見ると、ウクライナ戦争が起こる直前の２０２１年の12月時点で、日本は世界で唯一インフレ率がマイナスの国となっています（図表1-7参照）。これは日本政府の緊縮政策の結果だと思います。日本政府は消費減税について全く真剣に考えません。しかも、アメリカは物価が上昇している間ガソリン税を減税しましたが、日本政府がこれに追随することはありませんでした。

　また、日本政府は生活費の上昇圧力に対処するため多少の所得支援を提供しましたが、その規模は非常に小さいものでした。

ミッチェル　こうした政策の違いの原因は、明らかに政治的な要素にあります。というのも、自国通貨を発行するすべての政府は同じ財政的能力を持っていますから。藤井さ

図表 1-7

最も高いインフレ率を記録した国と、最も低いインフレ率を記録した国はどこか（世界46か国中）

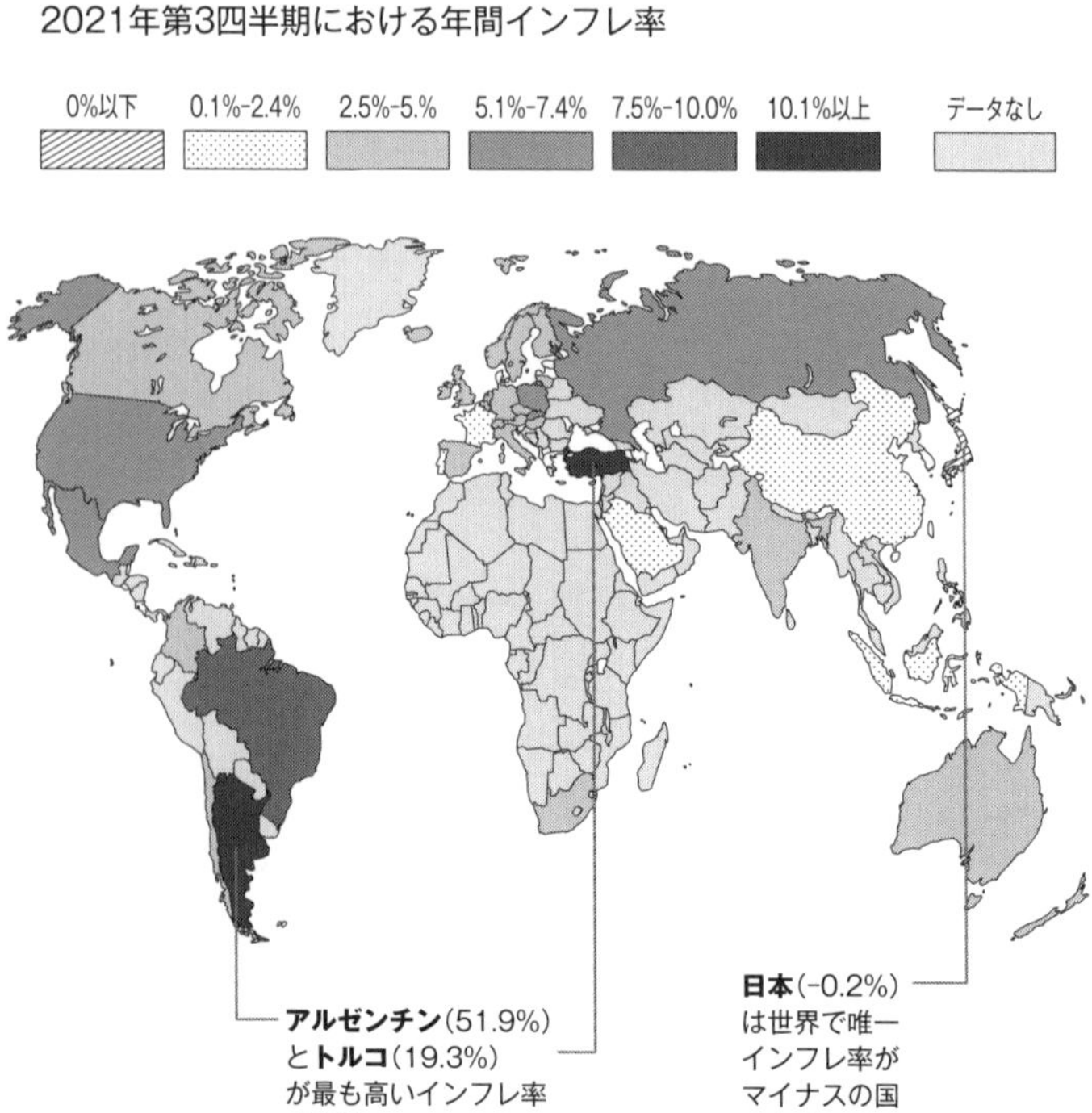
2021年第3四半期における年間インフレ率
0%以下
0.1%-2.4%
2.5%-5.%
5.1%-7.4%
7.5%-10.0%
10.1%以上
データなし
アルゼンチン(51.9%)と**トルコ**(19.3%)が最も高いインフレ率を記録
日本(−0.2%)は世界で唯一インフレ率がマイナスの国である

んが指摘したい論点は、日本の政治家に見られる批判を過度に恐れるという政治的感覚なのではないかと思いますし、だからこそ彼らは非常に慎重な政策を選んだのではないでしょうか。

パンデミックが始まった頃、オーストラリア政治は緊縮財政を採用してきた保守政権が担っていました。しかし、その政権でさえ、ケインズ型の政策を採用すべきという政治的圧力を受けたのです。言い換えれば、オーストラリア政府は財政政策の方向性を完全に転換し、大規模な所得支援を提供したのです。というのも、もし政府が緊縮的な政策を続けていたとしたら、街中で暴動が起きるだろうと思われたからです。社会的な不安定性が大きいとも言えますね。

先ほどご自分でおっしゃったように、藤井さんはプラグマティストだと思いますが、実は保守的で新自由主義的なオーストラリア政府も２０２０年の早い時期に非常にプラグマティックになりました。

コロナ禍が現実のものとなる直前の時期に、オーストラリア政府は自分たちの政権は財政黒字を積み上げようとしていると国民に伝えていました。しかし、翌月には方針を大きく転換し、非常に大きな財政赤字を計上し始めたのです。オーストラリア政府は政治的な力学を受けやすいがゆえに、非常にプラグマティックになったのです。おそらく、日本の人々は政府に対してあまり積極的に要求しないのではないでしょうか。

藤井 そうです。当然のことながら、リーマンショックやコロナ禍は世界経済や人々の生活水準に大きな負の影響を与えました。しかし一方で、こうした危機は緊縮に傾いていた多くの国の政治的マインドをよりプラグマティックなものに、つまり現時点においてはより反緊縮的な政治的立場へと転換させました。これは非常に良い転換だったと思います。とはいえ、その転換はあまりに遅すぎたわけで、危機の前に政策的アプローチを変化させるべきだったと思いますが、それでもやはり、世界中の多くの国々の政府に転換があったこと自体は素晴らしく良いことだと思います。何と言っても日本では危機が生じてもなお、そうした転換は殆ど生じなかったですから。それはやはり、日本における国民全体の政治的な関心が、諸外国に比べて概して圧倒的に低いということが根本的な原因なのだと、当方も感じています。

❖赤字でも「空は落ちてこない」

ミッチェル　こうしたプラグマティックな転換のポジティブな面は、政府が大規模な財政赤字を計上しても「空は落ちてこない」（大変なことは起きない）ということを証明したことだと思います。主流派経済学の主要な理論に基づく政策ではうまくいかないことは、ここ最近の歴史が証明しています。

また、政府は国債利回りの上昇を招くことなく、巨額の財政赤字を計上できることも歴史が証明しています。中央銀行はインフレをもたらすことなく低金利を維持できますし、債券市場は国債を買うのをやめません。もっと多くの国債を求めているのです。コロナ禍などの極端なイベントは政策の水準を相対的に極端なレベルにまで押し上げましたが、だからといって世界経済は崩壊していませんよね。

教育的な観点から見れば、こうした危機の結果として起きたことは決して悪くないものだったと思います。危機自体は悪いものですが、そこから得られる教訓によって多くの集団の思考様式が転換したのですから。

藤井　1930年代の世界恐慌の際にはケインズ経済学の考え方が広まりましたが、同じように、たとえば日本は緊縮財政を採用すべきと1990年代に主張していたポール・クルーグマンでさえ、リーマンショック後には考えを改めましたよね。

ミッチェル　「裸の王様」という表現がありますよね。主流派経済学は、平時から大きく逸れるような政策を採用せざるを得ないほどの深刻なイベントの前にさらされたということです。

藤井　そうした危機の最中に、主流派経済学者は公の場での論調を徐々に変えていきましたよね。彼らがどのような言い訳をするのかよく分かりませんが、徐々に変わりつつあるのは確かですし、この変化は良いことだと思います。

ミッチェル　もう1つ重要な点は、この出来事を一般の人々も目撃していることです。主流派経済学者たちは長年、政府が財政赤字を増やせば悪い結果が起きるだろうと言い続けてきました。しかし、パンデミックの間、政府が所得補償のために財政赤字を急激に増やしたにもかかわらず、何も悪いことは起きなかったことを人々は目の当たりにしました。財政赤字の増加によって人々の所得は守られたのだということに気が付いたのです。

ですから、人々は政府の能力について以前よりもよく理解し始めています。財政政策による政府の介入が生産的かつ有益なものであれば、良い結果が生まれるということです。

財政政策は悪だと言われ続けてきましたが、今や主流派経済学の物語こそ間違いだったと人々は気付き始めています。一般の人々はなぜ財政政策がうまく機能するのかまでは分からなくても、少なくとも「空は落ちてこない」ことには気が付いたのです。

藤井 ええ。より現実を理解し始めたということですね。

ミッチェル そういうことです。この経験は将来的な経済的繁栄のための一助になると思います。

藤井 ですが、不幸なことに日本では、「空は落ちてこない」にもかかわらず、多くの人々は考えを全く変えません。現在でさえも、「集団思考」が非常に強く作用しているのです。岸田政権は特にそうであり、彼らは緊縮を良しとする考え方に大きく傾いています。財務省の人間も考えを変えようとはしません。先ほどお見せしたグラフが示しているような消費増税の負の影響を、彼らは全く見ていないのです。非常に悲しい話です。

❖ 低賃金でも雇用が安定しているから日本人は幸せ

藤井　次に議論したいのは、日本の失業率の低さについてです。いわゆる「失われた10年」のあと、多くの業界で賃金が下落してきましたが、失業率は低いままでした。ここで別の表をお見せしたいと思います。私の研究室の学生が今日作成したものですが、インフレ率と失業率を示しています。

この表はフィリップス曲線（インフレ率が上下することで、失業率はどう変わるかを示した曲線）を表しており、「●」が日本です。日本はインフレ率がしばしばマイナスになるため、他の国々に比べるとかなり低いところに位置しています。世界的に見て、日本のデフレは例外的だということです。しかし、インフレ率がマイナスの時でさえ、失業率は5％を超えていません。

ミッチェル　日本のフィリップス曲線は非常に水平ですが、他の国は傾斜がありますね。この表が示しているのは、他の国は日本に比べると、失業率の小さな変化がインフレ

図表 1-8

失業率とインフレ率の関連
（1980−2021年）

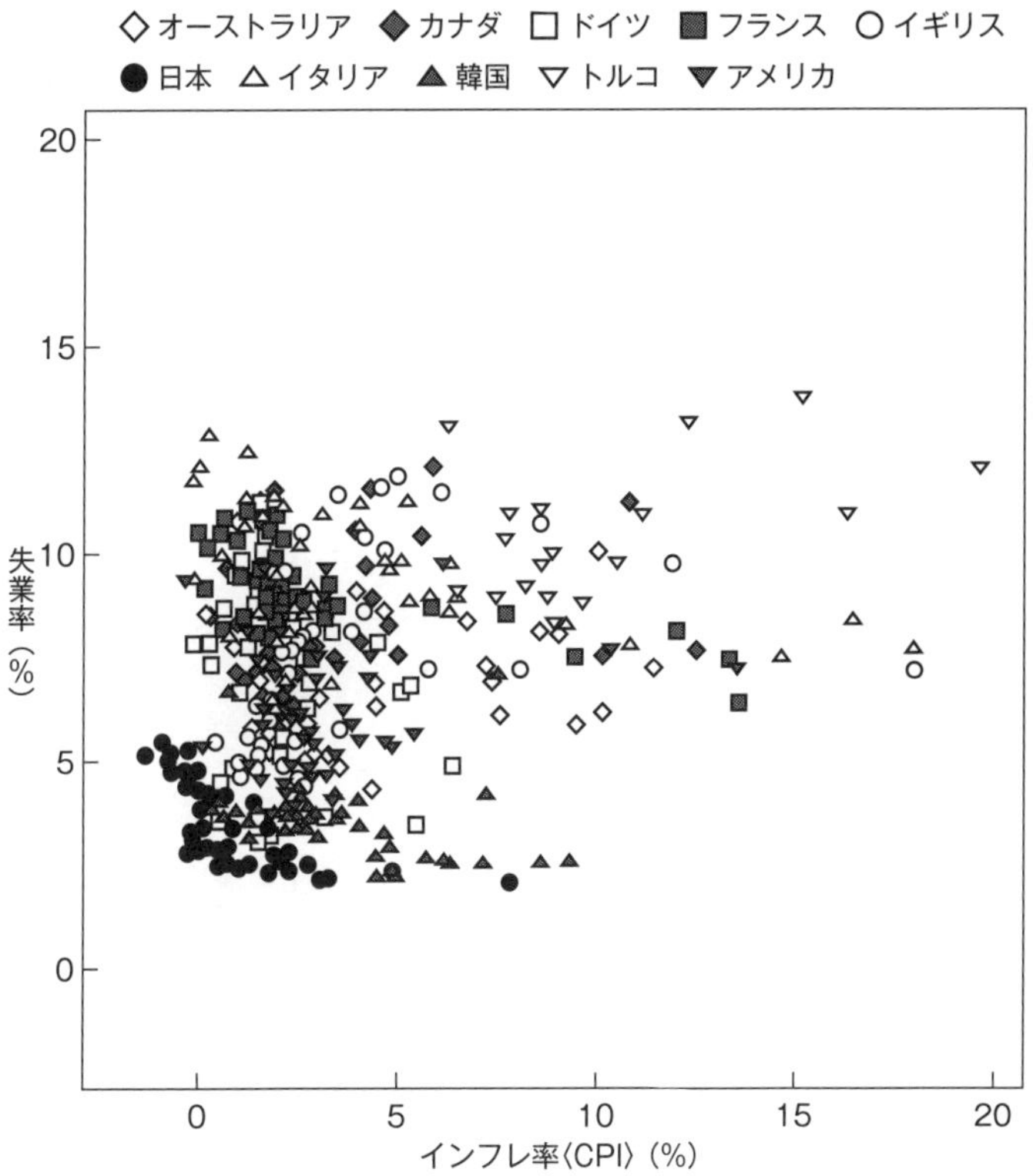

率の大きなシフトにつながるということです。日本では、失業率が変動するにはより大きなインフレ率の変化が必要になるとも言えます。水平なフィリップス曲線は傾斜の強いフィリップス曲線よりもはるかに健全です。

藤井　もちろんその通りです。しかし、もしデフレのまま失業率が急激に上昇したら、人々は「ああ、仕事を失ってしまった。政府よ、首相よ、仕事をくれ！」と言うでしょう。その時おそらく、人々はデフレを脱却するためには財政拡大が不可欠であることを認識するはずです。しかし日本では、深刻なデフレ状況であるにもかかわらず、失業率はそれほど高くありません。したがって、人々は非常に低賃金ではあるものの仕事を見つけることができるのです。

おそらくこれが、日本人が政府に対して財政拡大や賃金アップをするよう圧力をかけない理由の1つです。

ミッチェル　雇用の安定性（job security）があるということですね。名目賃金が下落していてもそれほど大きな問題になっていないのは、物価がこれまで上昇してこなかったからというのが本当のところでしょうね。

もしオーストラリアで日本のように賃金が下落していたら、抗議活動が起こっていたでしょう。日本はデフレをずっと我慢してきたので、すべての名目的な変数（賃金や物価）の低成長あるいはマイナス成長を経験し続けてきたのです。

先日、世界の幸福度に関する調査を読みました。その調査によると、日本人は雇用の安定性に高い価値を置くようです。このことから言えるのは、日本人は雇用が安定していて物価がそれほど上昇していなければ、低賃金を甘んじて受け入れるということです。

藤井　なるほど。それで日本人は幸せということですね。

ミッチェル　そうです。日本人は雇用の安定性に価値を置いているから、低賃金に耐えられるということです。これはさらなる研究が必要なトピックですね。

藤井　日本のフィリップス曲線が水平であるのは悪いことではないと思います。しかし、それは「賃金下落」という別の問題を引き起こす原因ともなっていると言えると思います。つまり、インフレ率が下がってデフレになって売り上げが減っても各企業は解雇しないとしたら、必然的に各企業は、デフレになればなるほどより激しく賃金を上げない、あるいは、引き下げるという対策に終始することになる。もしも諸外国の企業のようにデフレ圧力がかかれば解雇しているのなら、賃金は守られる。つまり、このフィリップ曲線が水平であるという点には「良い側面」があると同時に、より賃金を激しく引き下げるという「悪い側面」もある、ということになるのだと思います。

ミッチェル　物価の上昇圧力がなければ、企業は賃上げに反対するでしょう。その結果として、人々は少なくとも、雇用は安定しているから賃金は低くても耐えられると考えるようになるのです。これは一種の悪循環ですね。

藤井　なぜ日本人がデフレ脱却のための財政拡大を政府に求めないのかについては、おっしゃるように日本人は「低賃金だけど仕事があるんだから、まぁそれでいいや」と現状を受け入れてしまう傾向が強い、っていうのが重大な原因の1つだと思いますが、それとは別に文化的な説明も可能です。日本では、我慢することが高く評価されます。このことは日本の美徳や倫理的観点の中に見られます。ですから、もしミッチェルさんが我慢強い人間なら、非常に倫理的な人間とみなされます。不平不満を決して言わない人は、非常に好人物であるとみなされるのです。

似たようなことは多くの国で見られますが、日本の場合は特にこの傾向が強いと思います。個人的には、一人の学者としてこうした日本人の性質を批判する責任が私にはあります。しかし一般的には、あらゆる物事に不平不満を言うような人間は「忍耐力のないろくでもない奴」とみなされます。

ミッチェル　今日、日本に滞在中のアメリカ人たちと一緒に昼食を食べに行った時、交差点で立ち止まりました。私は彼らにこう言いました。「ここがオーストラリアなら、信号が赤でも車が通っていなければ青になる前に渡るでしょう。しかし、日本にいるのなら日本の文化を尊重して青になるまで待ちます」と。日本人は皆、車が通っていなくても青になるまで待ちますからね。

藤井　私は車が通っていなければいつも渡りますが（笑）。

ミッチェル　彼らにはそんなことをしてはいけないと言いました（笑）。というのも、そうしてしまうと日本では無作法な人だと思われるからです。かなりの程度文化的な違いがあるということです。

藤井　そうですね。こうした一種の忍耐力は、日本がなぜ長いデフレから脱却できないかを説明する大きな理由だと思います。

ミッチェル　ええ。日本人はただデフレを受け入れ続けてきたのです。

❖若者の能力や才能を伸ばすための投資を

藤井　もう1つ質問があります。ミッチェルさんから見て、日本経済の将来はどうなると思われますか。

ミッチェル　日本の将来についてはこれまでも気にしてきましたが、特に今、こうして京都であなた方と一緒に研究しているので、さらによく考えるようになっています。

まず、私たち皆が直面している共通の課題があります。それは健康管理・医療システムの問題と、切迫する気候変動への対応です。私たちは皆、こうした難題に対処しなければなりません。

また、日本は大都市に人口が集中しており、近い将来起こり得る大地震に対して脆弱であるという問題もあります。政府はどうにかして、地方分散の実現に効果的な政策を作り上げなければなりませんし、藤井さんはまさにそうした仕事をしているのだと思います。これは大きな課題です。

さらに、日本の住宅の状態も大きな問題です。京都に滞在する中で、おそらく19

60年代に建てられたであろう多くのアパート、マンションを見ましたが、非常に老朽化しており、耐用年数の限界に近づいているように見えました。ですから、非常に大きな規模の公共投資が必要となるでしょう。住宅のエネルギー効率を高める必要もあります。さらに、日本の住宅は壁が非常に薄かったり密集したりしているものが多く、改築する必要もありますが、これは非常に骨の折れる仕事だと思います。

私が観察し続けてきた別のデータもあります。小規模事業者のデータです。日本経済の特徴の1つとして、中小企業の割合が他国に比べ非常に高いことが挙げられます。中小企業のオーナーの年齢は平均で70歳前後と非常に高く、年々上昇し続けています。

日本政府は現在、事業承継の計画に関する政策――つまり、こうした企業が今後も存続するよう、経営権を親族以外の若手に引き継いでもらうことを目指す政策――を練り上げているようですね。そのアプローチはあまりうまくいっているようには見えませんが、日本は高齢化社会という難題に直面しているのは間違いありません。

日本は先進国の中で最も従属人口指数（従属人口《15歳未満および65歳以上》を生産年齢人口《15歳～64歳》で割り、100を掛けたもの）の高い国です。これは何を意味するのでしょうか。つまり将来、この場にいるような若い人たちが、これまでよりもはるかに多くの高齢者を支えなくてはならないということです。

藤井　近い将来そうなりますね。

ミッチェル　次世代の人々は非常に高度な教育や、高度なスキル開発を伴う訓練を受けなければなりません。私たちの世代よりも生産性を高めなければならないからです。この問題に対して主流派経済学者なら、「高齢化社会の問題は政府の財政の問題である」と反応するでしょう。高齢化が進展するほど年金や医療関連の需要が増大するので、政府の資金は尽きてしまう。だから大幅な増税が必要だ。これが主流派経済学者の予測です。

彼らは、政府は将来的な需要の増大に対する支払いが可能となるよう緊縮財政を優先的に実行し、財政黒字を積み上げなければならないと主張します。もちろん、高齢化社会に対処するために必要とされるアプローチは、これとは正反対のものです。従属人口指数の上昇は、政府の財政に関する課題よりも生産性の課題として捉えるべきです。

政府がやるべきことは、スキル開発に投資し、教育機関に資金を投入することであり、それを通じて次世代を担う若者の能力や才能を伸ばすことです。ですから、政府は完全に間違った政策的アプローチを採用してきたのです。

政府は資金を蓄えなければならないと考えられていますが、MMTが教えるように、政府は必要な資金はすべて持っています。繰り返しますが、高齢化社会が引き起こす問題は生産性の問題なのです。

ですから、私にとっての真の質問は、日本はこの難題に対してどのように対応すべきかということです。緊縮的な考えとは正反対の政策を採用しなければなりません。しかし、これまでの議論を踏まえると、日本では将来的に労働者不足のために企業活動が低調になっていくと考えられます。

❖緊縮財政は人々に恐怖を与える

藤井　日本の将来は、政府が緊縮に偏った考えから脱却できるかどうかにかかっており、財政拡大が有効であることは疑いの余地がありません。政府が緊縮財政を終わらせれば、日本の将来は明るくなるはずです。

ミッチェル　そうだと思います。

藤井　しかし、日本政府（特に岸田内閣）が緊縮を好む傾向を維持し続けるのであれば、日本の将来は非常に暗くなるでしょう。

ミッチェル　今後数年以内に、日本では大規模な公共投資が必要となります。化石燃料からの移行を果たさなければならず、市場の力学に任せていてもその移行はうまくいかないからです。迅速な変化が求められており、そのためには大規模な政府による介入が必要となります。住宅や建造物の対策も進めなければなりませんし、人々を東京から地方部へと分散させなければなりません。

そしてそうした地方ではおそらく、公共交通システムを充実させるための投資が必要とされます。地方は交通システムが発達していないために、人々は大都市から動こうとしないのです。公共交通のネットワークを改善するために、大規模な公的インフラへの投資が求められています。

そして若者が将来的に多くの老人を支えられるよう、若者に対してスキル開発のための大規模な投資を行う必要もあります。英語ではno-brainer（考えるまでもないこと）と言いますが、強力な公共投資が必要であることは明らかです。緊縮的な考えは、まさに必要とされているものとは正反対のものなのです。もし政府が責任を果たそうとせず、難題に対処するために自らの財政的能力を活用しないのであれば、日本の将来は暗いものになるでしょう。

藤井　私もそう思います。問題は、デフレ環境が続いているせいで人々の間に失望が蔓延していることです。人々に将来への希望を与える必要があります。

ミッチェル　１９３０年代にアメリカの社会保障制度を構築した人物であるアーサー・オルトマイヤーは、「恐怖よりも希望によって人々を動機づけした方が良い」と言いました。緊縮財政を継続すると、政府は資金を使い果たし、税金をさらに引き上げるのではないかという恐怖が高まっていきます。緊縮財政は将来が暗いものになるという恐怖を私たちに与え、人々を政府に服従させるのです。

そうではなく、政府は若者に対して希望のあるメッセージを届けるべきです。「政府は質の高い学校での教育や多くの訓練、あるいは徒弟制度を通じて技術を身に付ける機会を提供します。皆さんはそれにより高いレベルのスキルを獲得でき、より賃金が高く、興味のある仕事を見つけることができます」といったメッセージです。そうすれば私たちは将来に希望を持てるでしょう。

藤井　そうです。私は消費税の問題に焦点を当て続けていますが、それは日本の消費者にネガティブな結果をもたらすからです。消費税の減税は日本の家計の幸福度を高めるはずです。しかし、それと同時に、あるいはそれ以上に、消費減税が人々に未来に対する希望を与える、という点に最も強く着目しているのです。

セーレン・キルケゴールは19世紀の最も有名な哲学者の一人であり、キリスト教の理論家でもありますが、彼は人間の精神にとっていかに希望が必要であるのかについて彼の哲学書の中で訴え続けました。

希望がなければ、その人間は実質的に死んだも同然です。私が若かった時、今の若者が感じているような種類の、即物的な恐怖などというものはありませんでした。バンドを組んで観客の前で演奏したり、経済学を勉強したり、多くのことに取り組みましたが、そうした活動は私に将来への希望を与えてくれました。少なくとも経済的な視点から言えば未来はそう悪いものではないだろうと期待していたのです。

ですから、私は日本の人々がより幸福になり、将来への希望を持てるような道筋を探しているのですが、デフレ環境が続くかぎり希望を見出すことはできません。デフレは人々のあらゆる側面における「やる気」を失わせてしまうのです。

ミッチェル　確かに、緊縮政策は非常にネガティブな社会環境を作り上げてしまいます。今のオーストラリアの学生は、何としても仕事を得なければならないという強迫観念に取りつかれています。そのため、彼らは大学で過ごす時間を仕事を得るための準備期間と考えており、学ぶことの楽しさを忘れてしまっています。

私が18歳の頃には仕事がたくさんあったので、どうやって仕事を得ようかなど考えもしませんでした。楽しい時間を過ごすこと、本を読むこと、バンドで演奏すること、サーフィンすることばかり考えていましたし、私たちは何者なのか、人生とは何かといったことを考えてもいました。

当時は、こうしたつかの間の楽しい時間を過ごしたあと、いつでも仕事に就くことができました。当時と今では学ぶことも違います。私たちの頃は会計学を勉強したり職業上のあれこれについて気にかけたりする必要はなく、哲学や歴史を学んでいました。

しかし、今の若い世代が置かれている状況は劇的に変化しました。というのも、今や雇用が不足しており、気が滅入るような将来が待ち構える社会環境になってしまったからです。

私が若かった頃は、未来は良い方向に向かうことが分かっていました。これは現在との大きな違いです。そしてこの違いの一部は、緊縮的なメンタリティが広がったことにより生み出されたのです。このメンタリティは政策担当者によく見られます。彼らは人々にとっての機会を削減し、学校への予算を削減し、その他あらゆるものを削ってきました。その結果、欠乏感や無気力が蔓延する環境が生み出されたのです。

❖福利増進のための財政政策を

藤井　ＭＭＴやアバ・ラーナー（ケインズ主義経済学者）の機能的財政論では、政府はその財政的能力を、国民を救うために使うべきだという前提を置きます。政府は人々が自分自身で成果を生み出せるような機会を創出すべきということです。しかし、この前提は主流派経済学が引き連れてきた新自由主義のもとで捨て去られてしまいました。これは、主流派経済学の最大の欠陥だと思います。

ミッチェル　そうです。同時に、私たちは政府のパフォーマンスを、財政的な指標（財政赤字の大きさや負債の額など）によって評価することを当たり前としてきました。財政政策の目的は、こうした特定の財政的指標に関する目標を達成することであると考えるようになっていたのです。そして緊縮的な考えが支配的になったことで、財政政策の目的は財政黒字を生み出すことだと考えることが今や当たり前となっています。黒字は大きければ大きいほど良いという考え方です。

一方、MMTの功績は（そのうちある程度はアバ・ラーナーの功績ですが）、財政政策の目的は「機能的」であるべきであり、社会的な福利を増進するものでなければならないということを示した点にあります。財政赤字の削減や財政黒字を達成するのが目的ではないということです。

藤井　そうです。社会的な福利増進が目的ですね。

ミッチェル　それこそ私たちが求めているものです。政府は一般的に、私たちの自由を制限してくる厄介な存在です。私たちが政府を必要とする唯一の理由は、質の高い学校や病院を建てたり、公園を造ったり、十分な量の仕事を確保したり、自然環境を守ったりと、政府が持つ力を私たちの福利増進のために使ってくれるからです。私たちが政府を求めるのは、生活の質を改善してくれる機能を持っているからなのです。

ですから、財政赤字の割合が2％なのか、それとも6％、8％、10％なのかといったことで政府を評価するのではなく、目的達成のためにどれだけうまく機能したかという点で評価すべきです。赤字の大きさなど意味を持ちません。私が強調したいのは、私たちは財政政策の本来の目的を完全に見失ってしまったということです。

藤井　そうです。したがって、ＭＭＴや機能的財政論は、人々にとって何が善なのかというテーマと政府という存在を常に接続する回路となっているのです。

ミッチェル　政府は私たちの代理人ですからね。

藤井　ええ。人々の福利増進を支援する代理人のような存在です。こうした考え方は、主流派経済学者が失ってしまったものだと思います。たとえばアダム・スミスは、『道徳感情論』の中でこうした哲学を披露していたはずです。道徳感情は人々の幸福と常に関連するものですよね。

ミッチェル　主流派経済学者たちが、「政府の介入がない自由市場は素晴らしい」という自らの主張を正当化するために、アダム・スミスの議論を利用しているのは非常に興味深いことです。彼らはスミスの第二の主著である『国富論』にばかり注目しますが、『国富論』の議論は、スミスが『道徳感情論』で披露したアイデアの延長にあるということを、彼らは見落としています。

藤井　それは非常に重要なご指摘ですね。

ミッチェル　『道徳感情論』は『国富論』の30年あまり前に書かれています。もし『国富論』だけを手に取り、スミスの言いたかったことを解釈しようとすれば、ついには重要な論点を見落とし、間違った説を展開してしまうでしょう。スミスの倫理的な背景を理解するためには、この2冊のつながりを意識して読まなければなりません。

しかし問題は、主流派経済学者の多くはスミスの最初の本（『道徳感情論』）を無視しているということです。

藤井　その通りです。『道徳感情論』で展開された議論は、経済と道徳に関するスミスの考え方を理解するために常に参照される必要があります。

ミッチェル　スミスは、あらゆる物事を自由市場に任せるべきだとは信じていませんでした。また、人々が貧困に陥ったり病に侵されたりするのを防ぎ、皆に確実に機会が与えられるような社会を構築する責任が私たちには課せられていると信じていました。

主流派経済学はこうした洞察を捨て去ってしまい、スミスは政府介入を不要とする自由市場の提唱者に仕立て上げられてしまっています。しかし、この見方は歴史的には正しくないのです。

学生との質疑応答

❖自給について真剣に考えよ

藤井　学生の皆さんから何か質問はありますか。

学生　日本の食料安全保障の問題についてどう思われますか。

藤井　伝統的に日本の食料安全保障は高い水準だったのですが、新自由主義の時代になり自給率が低下していき、食品の安全基準も他国に大きく依存するようになりました。たとえば日本政府は、アメリカ政府が定めた農産物に関する食品安全基準を従順に受け入れています。

　多くの日本人は遺伝子組み換え食品や除草剤の使用に反対しており、地元の農家も強力な除草剤は使っていません。しかし、人々の反対にもかかわらず、日本政府はアメリカ産の遺伝子組み換え食品の輸入を認めているのです。結果として、過去20年以上にわたり日本の食料安全保障は弱体化してきました。

ミッチェル　京都北部の山の方に行くと田んぼがありますね。京都の中心部から自転車に乗ればすぐ行ける距離に、多くの小規模な都市型農家が存在しています。

藤井　そうです。コメは日本全国で作られていますし、事実、私たちは地元で作られた農作物を好む傾向があるので、日本の文化はかなり持続可能性の高いものと言えます。これが日本の伝統的な文化なのですが、第二次大戦後に欧米諸国の影響を受けて急速に変わってしまいました。

ミッチェル　アメリカからの圧力を受けたということですか。

藤井　ええ、アメリカからの圧力です。ですが、アメリカからの文化的な影響を受けてもなお、日本の伝統は残っていると私は願っています。新自由主義とアメリカからの文化的侵略にさらされる中で、日本文化を守るための闘争が行われているということです。

ミッチェル　私は、地球環境を守るという理由から、各国はローカリズムを奨励していかなければならないと思います。食料の長距離輸送は持続不可能ですから、私たちは昔に立ち返って、もっと地元の産品を買う必要があります。

オーストラリアが抱え続けている問題の1つに、都市部での大規模な不動産開発があります。開発により、かつては菜園として利用されていた都市周辺の土地が都市へと取り込まれているのです。不動産のデベロッパーは、都市部の住宅地を徐々に郊外へと押し広げていき、菜園は消えてしまいました。その結果、かつては自分たちで生産していた農作物でさえ、長い距離をかけて輸送してくるか、あるいは輸入に頼らなくてはならなくなったのです。

藤井　なるほど。それでも西洋諸国の食料自給率はかなり高いですが、日本の自給率は約37％しかありません。

ミッチェル　つまり、63％を輸入に頼っているということですね。

藤井　そうです。カロリーベースで約63％を輸入しています。伝統的に、コメは日本人にとって最も重要な食べ物であり、コメに関しては１００％の自給率です。しかし最近では、日本人のコメの消費量は減ってきており、特に若者においてこの傾向は顕著です。若者はパンだのポテトだの、マクドナルドのテイクアウトが好きですから（笑）。それらの原材料は、日本の自給率が極端に低い小麦やポテトです。結果として、日本の食料自給率はかつてに比べ減ってしまいました。これは大きな問題だと思います。ウクライナ戦争の影響で小麦の生産が激減していることを考慮すると、特に大変な問題です。
そして、現在は世界的に不確実性が高まっている状況でもあります。たとえば北朝鮮は今日、ミサイルをいくつも発射しました。

ミッチェル　今日日本の新聞を読みましたが、ミサイル発射に関する警報が出されていましたね。

藤井　「Jアラート」と呼ばれるものですね。いくつかの都道府県で発信されていました。これは将来高まるであろう不確実性の一例であり、食料やエネルギーなど重要物資を自給する必要性がますます高まっています。しかし、主流派経済学者はこうしたリスクを考えていないように思えますね。

ミッチェル　そうです。コロナ禍であらわになったような、グローバリゼーションに関連する問題にどう対処していくべきか、あらゆる国が現在考えています。
私は、グローバルなサプライチェーンへの依存度を減らす方法を模索する必要があると思います。たとえば、オーストラリアではコロナ禍の初期に、医療従事者が着る防護服を自国では満足に生産できず、中国からの輸入に頼らざるを得ないことが明らかになりました。オーストラリア政府は現在、こうした重要な製品をもっと自給できるような方法について考えています。

また、オーストラリアはワクチンも完全に輸入に頼っていました。オーストラリアは、歴史的には世界最高レベルのワクチン生産国の1つだったのですよ。ですから、私たちは今やその地位を取り戻さなければなりません。

藤井　私たちは今、危機の時代にいます。コロナウイルスもそうですが、プーチンによる核兵器使用の脅威があり、中国が台湾や日本の小島を侵略するおそれもあります。そして言うまでもなく、世界的な景気後退の脅威もあります。

ミッチェル　南シナ海でも、中国が軍事基地を建設し始めているために、非常に不安定になっていますね。このことは巨大な不確実性をもたらしています。

私たちは今や、「複合危機」（Polycrisis）について議論を始める必要があります。多くの異なるタイプの危機という意味ですが、それらの危機はすべて新自由主義の問題に起因しています。この危機への対処を間違えることは、世界規模での巨大な不確実性の到来を意味します。

藤井　私たちは経済学に関する哲学的な考え方を変えるべきであり、市場と個人の利益を重視する伝統的な経済学から距離を置き、より人間的性格を持ち、社会化され、現実主義に即したＭＭＴのような経済理論へと歩みを進めるべきだと強く思います。

ミッチェル　その通りです。私たちが今やっていることですね。

藤井　そうです。では、このあとは日本料理のディナーを食べて、さらに良い時間を過ごしましょう。仏教徒の伝統的な菜食料理の「精進料理」を、大徳寺前から取り寄せましたのでご提供さしあげますね。

長時間にわたり本当にありがとうございました。

ミッチェル　こちらこそありがとうございました。

第2章

日本経済とオーストラリア経済の比較分析入門

ウィリアム・ミッチェル

（本論文は2022年11月4日に京都大学で発表されたものです）

❖ オーストラリアの歴史から学ぶことはあるか

本稿では、オーストラリアと日本における経済的成果の違いについて考察し、さらに、両国の社会的・政治的制度と経済行動の間にどのような関係があるのかを、問いたいと思います。

オーストラリアは一次産品の輸出を基本とする経済構造であり、工業セクターの重要度が高くないにもかかわらず、他の多くの欧米諸国とさほど変わらない経済的成果を上げています。オーストラリアの場合、一次産品価格の変動によって交易条件が大きく変化しますが、工業製品を輸出している他の国では、交易条件はより安定する傾向があります。日本の政策立案者がオーストラリアの最近の歴史から学ぶべきことはあるのでしょうか。

この比較論は、日本の将来的な課題と政策オプションについてより詳細な研究を行ううえでの導入的議論にあたるものです。

❖日本の「失われた20年」の本当の姿

図表2-1は、日本経済の転換点であり、不動産バブルがまさに崩壊しようとしていた1990年の日本とオーストラリアの実質GDPを100として指数化したものです。

1980年代、両国の経済は金融市場の規制緩和によって大きな変化を経験し、資産バブルが発生しました。経済成長率は両国ともほとんど同じでした。

1991年のオーストラリアの景気後退は、過度の金融引き締めに加え、当時の連邦政府が財政黒字追求の強迫観念に駆られた結果、発生しました。この不況は、1930年代の世界恐慌以来、最悪のものでした。日本政府はバブル崩壊の直後には不況を防いだものの、全体として成長率は低迷し、それ以来、今に至るまで低い水準のままです。

日本のGDP成長率が横ばいであることが、「失われた20年」と呼ばれる根拠となっており、それが現在まで続いています。1990年代以降、オーストラリアの経済規模は約2・5倍になった一方で、日本の経済規模は約25％しか成長していません。

しかし、「失われた20年」という物語をより広い視点から捉えることが重要です。図表

図表 2-1

GDP成長率〈オーストラリアと日本〉

（1990-2021年、1990年＝100）

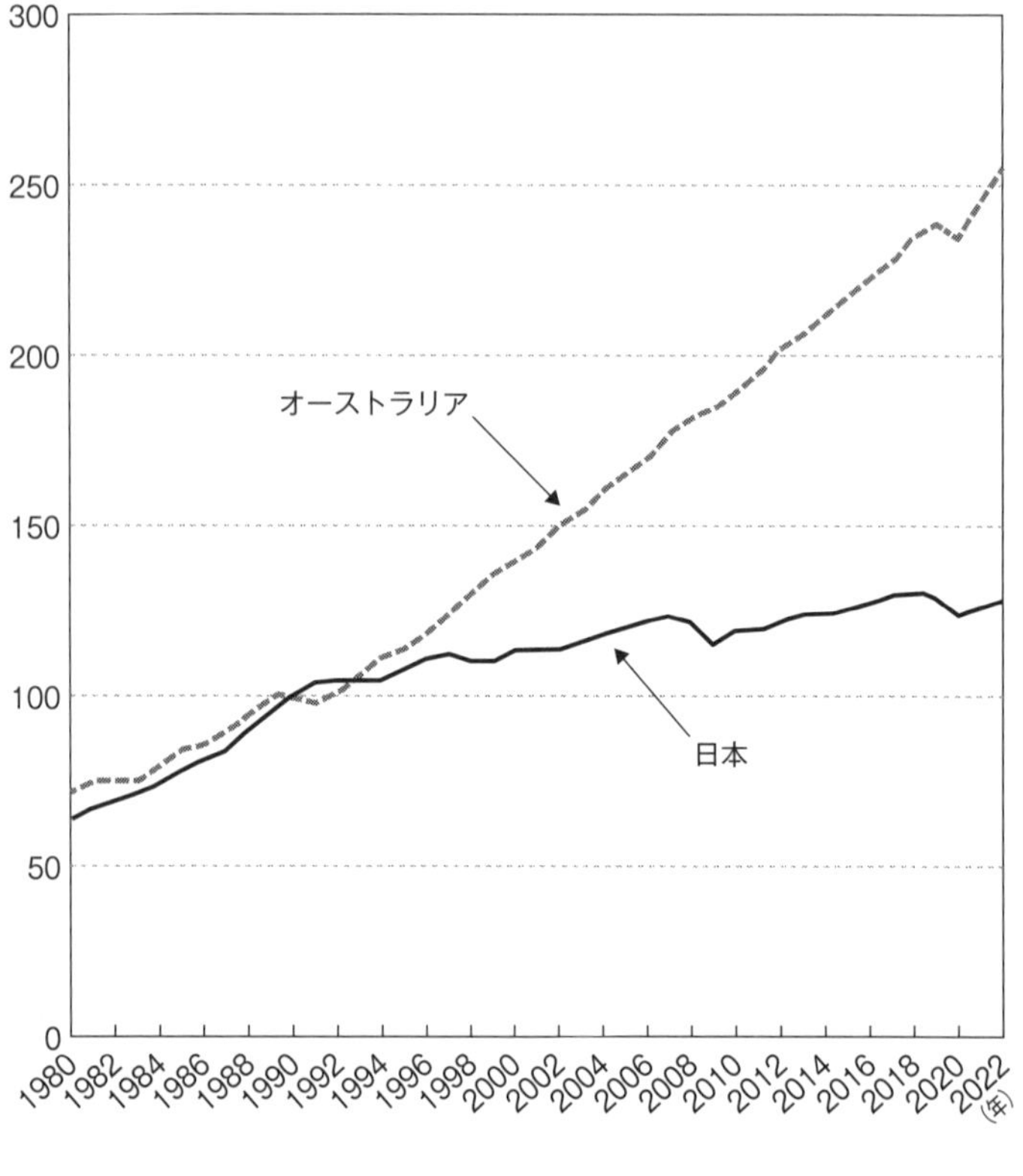

出所：IMF World Economic Indicators

図表 2-2

人口増加率〈オーストラリアと日本〉

（1980年＝100）

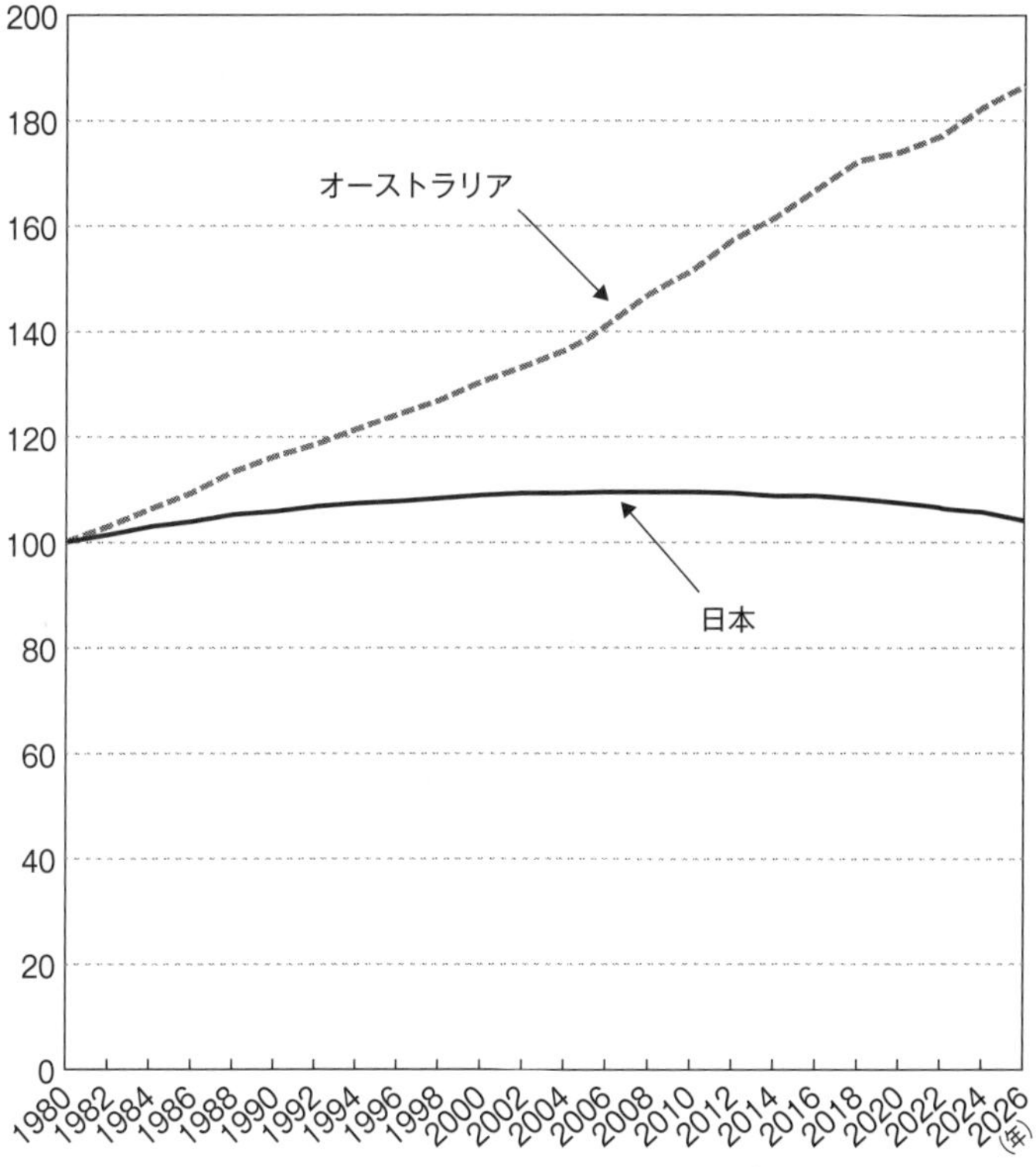

出所：オーストラリアおよび日本の統計局

2-2は、両国の人口増加率を示しています。1980年のオーストラリアの人口は1480万人でしたが、2022年には2590万人を記録しました。伸び率は年平均で約1・6％です。

コロナ禍の初期には、政府が国境を越えた移住をかなりの程度制限したため、人口増加率は停滞しました。これとは対照的に、日本の人口は緩やかに減少しており、内閣府の推計によると、2025年には約1億2100万人になると予測されています。

図表2-1と図表2-2を比較すると、なぜ日本の経済成長がオーストラリアに比べて鈍いのかが分かりますし、「失われた20年」と呼ばれる意味がよりはっきりと見えてきます。この2つを合わせると、一人当たりGDPや経済規模が、人口動態に関連してどのように変化しているのかが分かります（図表2-3参照）。

1991年の資産暴落以前は、日本の一人当たりGDPはオーストラリアよりはるかに速く成長していました。1991年の危機によって繁栄の期間は終わり、日本ではその後、一人当たりGDPの増加は緩やかになりました。2000年代初頭には、両国とも一人当たりGDPはほぼ同じ速度で成長していました。

世界金融危機は、オーストラリアよりも日本に大きなダメージを与えましたが、これは

図表 2-3

1人当たりGDP〈オーストラリアと日本〉
（1980年-2021年、1980年＝100）

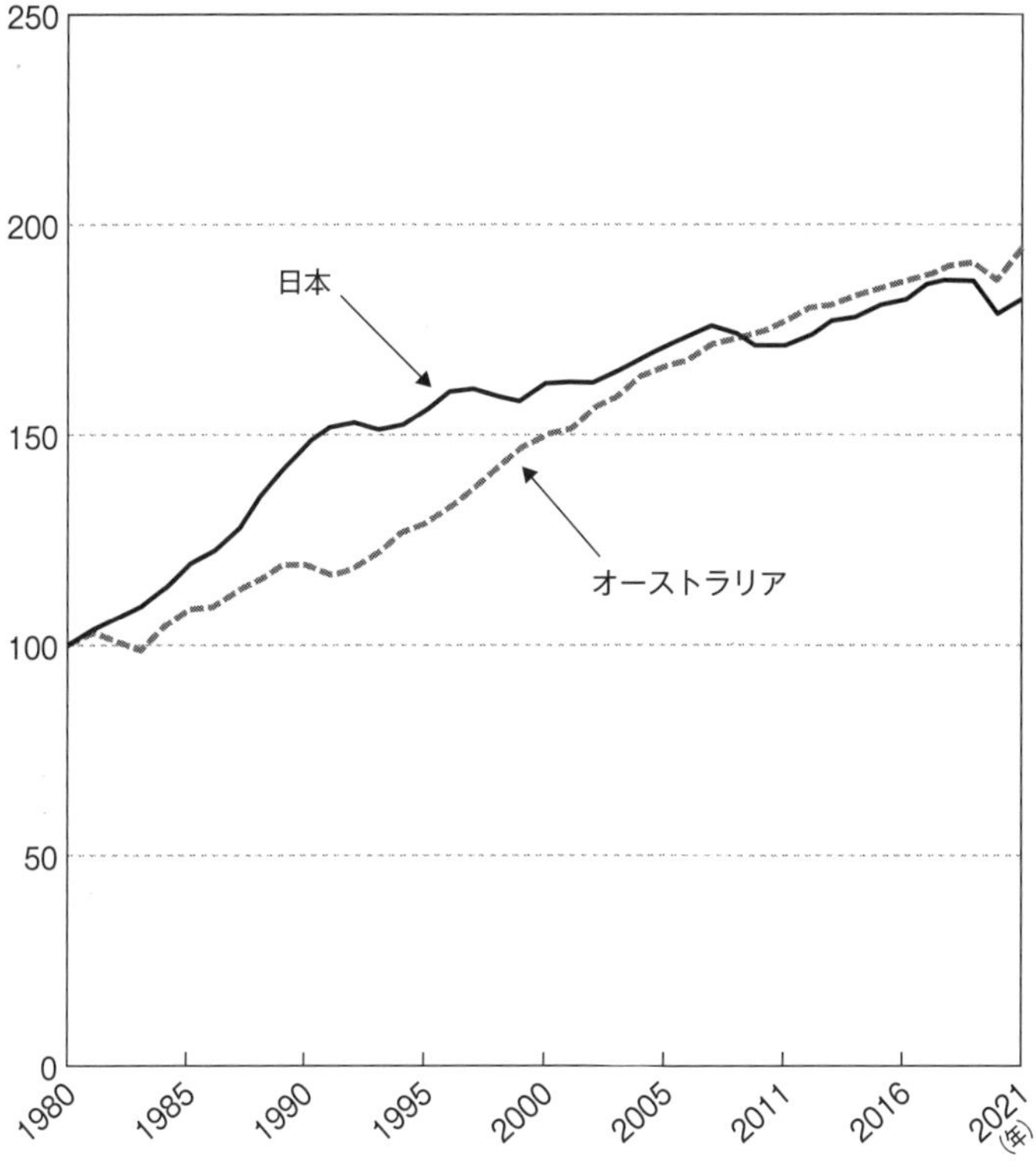

出所：IMF World Economic Outlook、図表1-2も参照

オーストラリア政府の財政支援の方が相対的に大きかったことが一因です。また、1997年の消費増税が日本の家計消費の伸びを鈍らせ、GDPが減少したことを示す証拠もあります。これについてはあとで詳しく説明しましょう。

この比較分析で重要なのは、40年間にわたる両国の一人当たりGDPの推移を見ると、日本経済を「失われた20年」と決めつけるのは必ずしも正しくないということであり、同時にオーストラリア経済が良好なパフォーマンスを示しているとも言えないということです。

経済を評価する際の一般的な指標である、一人当たりGDPの推移がほぼ同じであるとするならば、次に注目すべきは、国民所得がどのように分配されてきたかです。ジニ係数を見てみると、日本はオーストラリアと比較して所得格差が小さいことが分かります。

つまり、日本のGDP成長率は非常に低いものの、人口増加率も同様に低いため、物質的な生活水準は維持できるのです。一方、オーストラリアは人口増加率が高いので、一人当たりGDPを同じように維持するためには、より高いGDPの成長を実現する必要があります。

したがって、日本のGDP成長率の低さに焦点を当てた議論では、人口増加率の低さという背景を理解することができません。仮にオーストラリアのＧＤＰ成長率が過去20年ほどの日本と同じくらいの水準まで低下した場合、失業率は大幅に上昇するでしょう。人口が増加し、生産性も向上する中で失業率を安定させるためには、非常に高い実質ＧＤＰの成長が求められるからです。

❖公共投資比率を大幅に減らした日本

企業投資や資本形成全般の動向についても比較してみましょう。次ページの図表2−4は、日本とオーストラリアの１９９４年3月期から２０２２年6月期までの民間投資の対ＧＤＰ比を示したものです。

日本では１９９４年以降、長期にわたって非常に安定した比率（平均で15・8％）を保っています。対照的に、オーストラリアの投資比率は大きく変動しています。これは、オーストラリアの交易条件が一次産品市場のボラティリティによって大きく左右され、投資比率も影響を受けるためです。

日本は工業製品の輸出国であり、国際市場での価格変動が小さいのに対し、オーストラ

図表 2-4

民間投資比率〈オーストラリアと日本〉

（1994年3月期～2022年6月期、単位は%）

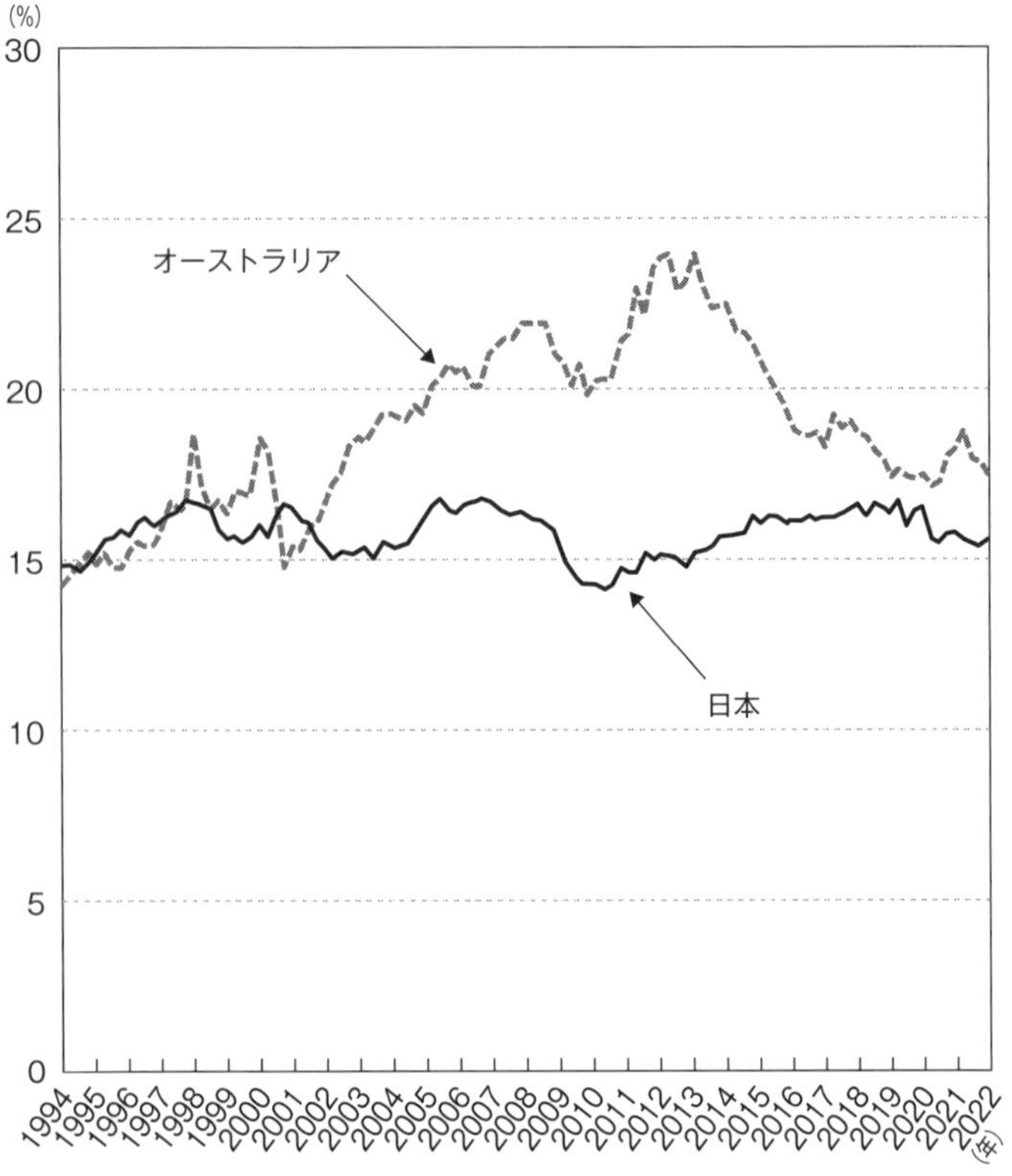

出所：オーストラリア統計局、内閣府「国民経済計算」（日本）

リアは一次産品輸出国であり、商品価格の激しい変動にしばしばさらされ、さらにそれが為替レートの変動ももたらします。

20世紀末から世界金融危機前後にかけて、オーストラリアの民間投資比率が大きく上昇したのは、オーストラリアが輸出する鉱物資源に対する世界的な需要の急増と、これらの商品の世界的な価格上昇を背景とした「100年に一度」の採掘ブームによるものでした。

鉱業ブームの影響を除くと、オーストラリアの非鉱業部門の投資比率は日本のそれと変わりません。世界金融危機後、世界の一次産品（特に鉄鉱石）の価格が落ち着き、オーストラリアの鉱業ブームは終焉を迎えました。その時期から、鉱業部門を含む経済全体の民間投資比率は、日本に近い水準にまで低下しました。

図表2-5は、同じ時期のオーストラリアと日本の公共投資比率の推移を示したものです。この比率は、経済規模に対して政府がインフラへどれだけ支出したかを示すものであるとも言えます。

この時期は緊縮財政が主流であり、政府は経常支出よりも公共インフラ支出を削減することで歳出削減を図りました。その方が短期的な歳出削減の影響を隠すことが容易だった

図表 2-5

公共投資比率〈オーストラリアと日本〉

（1994年3月期～2022年6月期、単位は%）

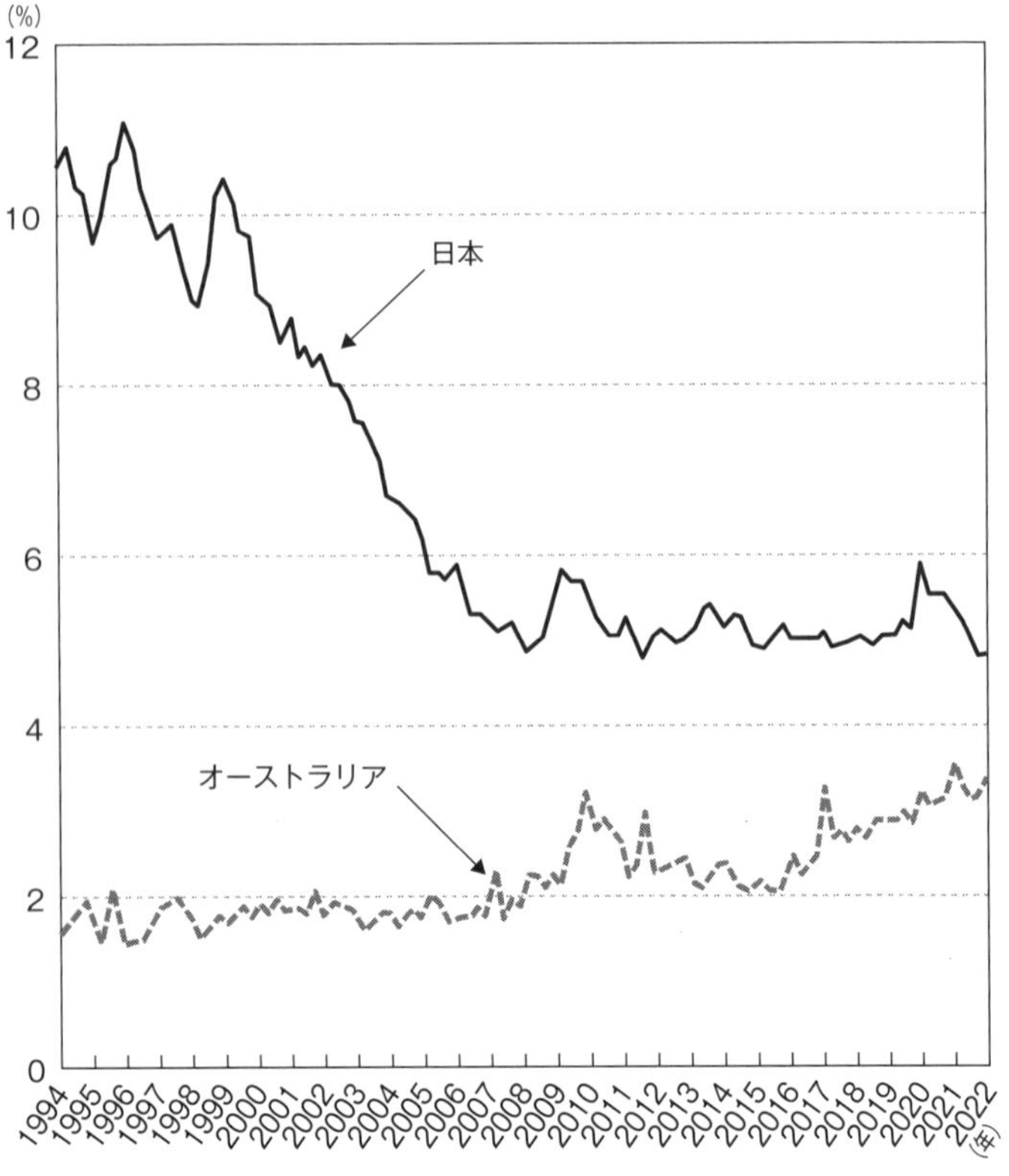

出所：図表1-4を参照

からです。インフラ支出の削減は国民に気づかれにくく、資本ストックの劣化によるサービスの低下は、たいてい顕在化するまである程度の時間を要します。

世界金融危機以降、オーストラリア政府（連邦政府および州政府）は、当初は金融危機に対する財政刺激策として、その後は財政黒字を追求する中で長年放置されてきた重要インフラを修復するために、資本事業計画を練り上げました。

一方で、日本は大きく異なる歴史を辿っています。バブル崩壊後、日本政府は急激な資本的支出（設備投資）の削減を通じて財政支出を減らそうとしました。このトレンドは世界金融危機を契機に終わりを告げ、公共投資の対GDP比率はパンデミック時に顕著に増加したものの、その後は比較的安定しています。

❖税負担増・日豪家計の反応の差

次ページの図表2-6は、オーストラリア（上段）と日本（下段）について、1994年3月期から2022年6月期までの家計消費支出の伸び率を四半期ごとに比較したものです。

図表 2-6

四半期ごとの家計消費支出の伸び率

（1994年3月期～2022年6月期、単位は%）

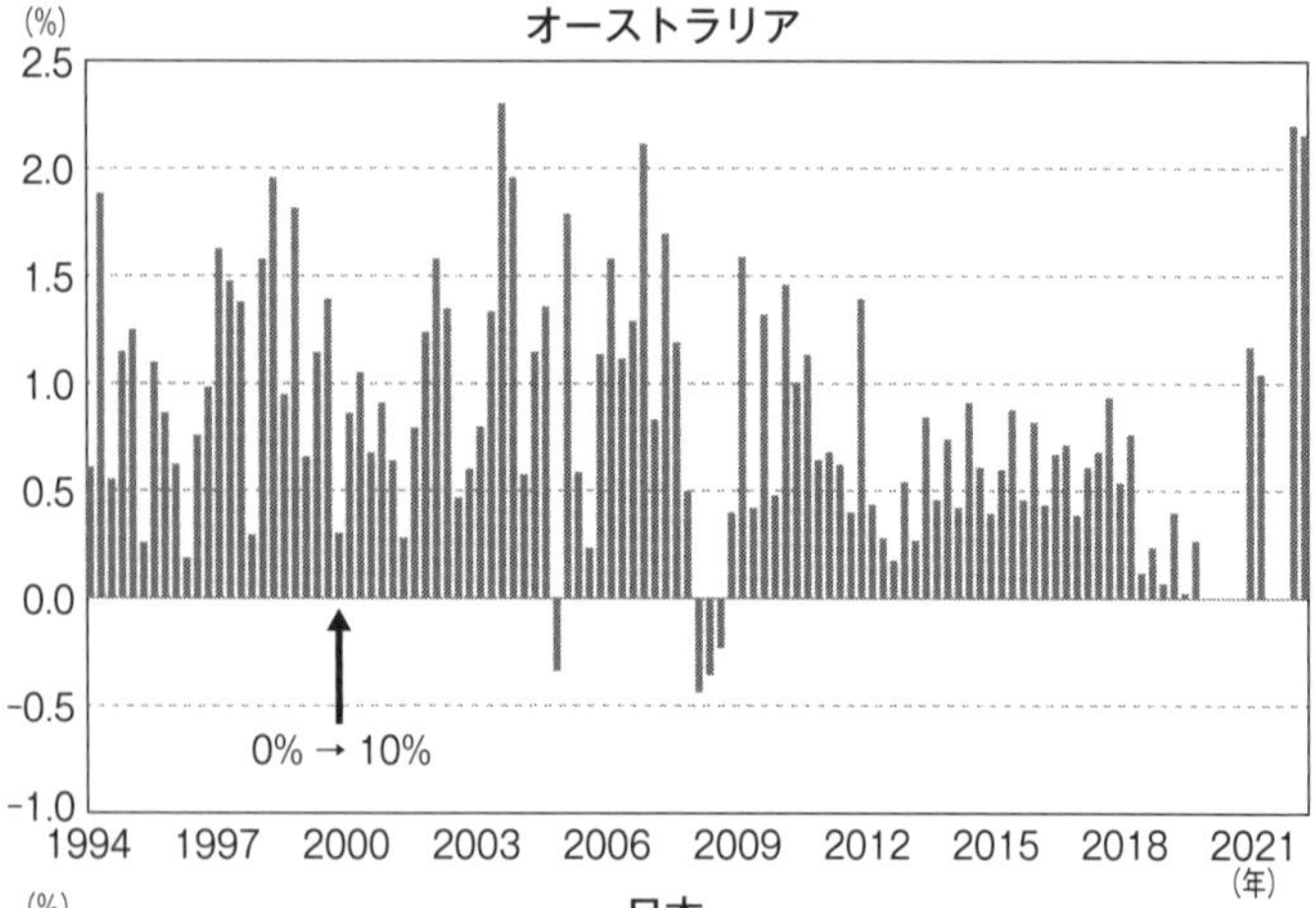

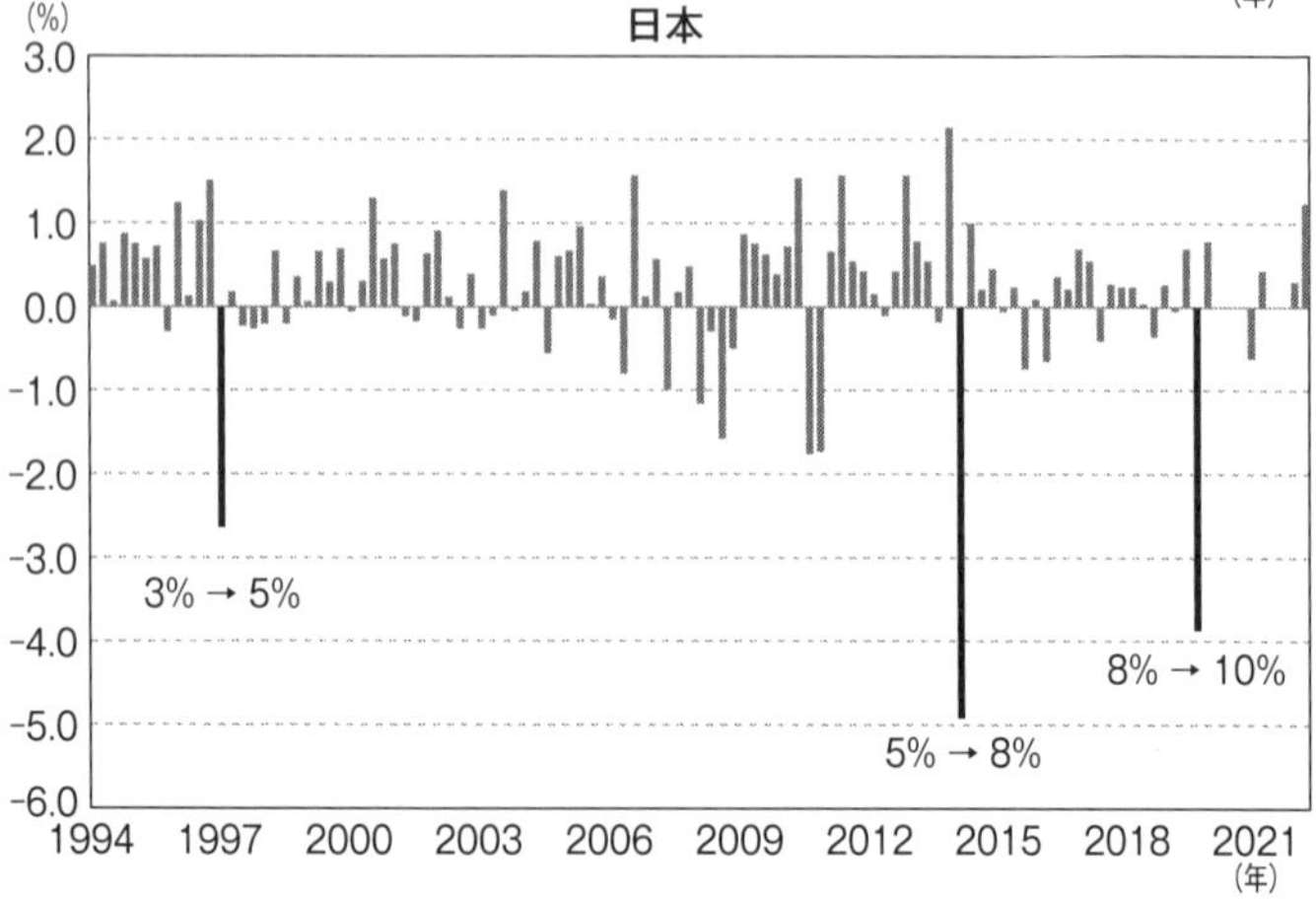

出所：図表1-4を参照

コロナ禍初期の数年は、極端な数値を示すためにグラフが歪んでしまうので、グラフから除外しています。この期間の四半期平均成長率は、オーストラリアが0・85%、日本が0・17%であり、かなりの差があります。

日本に焦点を当てると、マイナス棒は、1997年4月に3%から5%へ、2014年4月に5%から8%へ、そして二度の延期を経て2019年10月に8%から10%へと消費税を増税した影響を受けた四半期を示しています。

消費増税の背景には、巨額の財政赤字のせいで国が財政破綻する危険性があると主張する人々から、政府に対して政治的圧力がかかっていたことがあります。もちろん、自国通貨を発行できる政府が財政破綻することはあり得ません。消費増税を巡る議論は、主流派マクロ経済学の思考がいかに貧困であるかを示しています。

しかし、日本政府は圧力に屈し、「市場」をなだめるために増税に踏み切りました。1991年のバブル崩壊後、日本経済は新たな成長軌道に乗りましたが、1997年4月に消費税を増税すると、家計の消費支出とGDP成長率は直ちに縮小しました。2014年、2019年の増税でも同じようなダメージが生じました。

日本の家計消費支出の伸びは、オーストラリアと比べて控えめであるだけでなく、消費税率の変更に非常に敏感であることがこの図から分かります。なぜこれほど感度が高いのかについては、あとで詳しく考察します。

対照的に、オーストラリアの家計消費支出は、日本に比べるとはるかに高い伸び率となっています。「0％から10％」という矢印がありますが、これは2000年7月に導入された物品サービス税（GST）を示しています。

この税制によって、多くの消費財やサービスに対して10％の税率が課されることになりました。つまり、GSTの導入は日本の消費増税と同じようなものだったのです。GSTの導入後すぐに、家計消費の成長率はネガティブな影響を受けましたが、日本の消費増税ほど大きな影響はありませんでした。

消費増税に対する家計消費支出の感度がオーストラリアと日本で異なる理由を、どう説明すれば良いのでしょうか。オーストラリアのGST導入に比べれば、日本の消費増税は比較的緩やかな税率変更だったにもかかわらず、日本の家計はオーストラリアの家計よりも増税にネガティブな反応を示すのはなぜなのでしょうか。

図表2-7は、オーストラリアと日本における、1995年から2020年までの可処分所得に占める家計負債の割合を示しています。この図を見ると、税に対する家計消費支

図表 2-7
可処分所得に対する家計負債の割合〈オーストラリアと日本〉
（1995~2020年、単位は%））

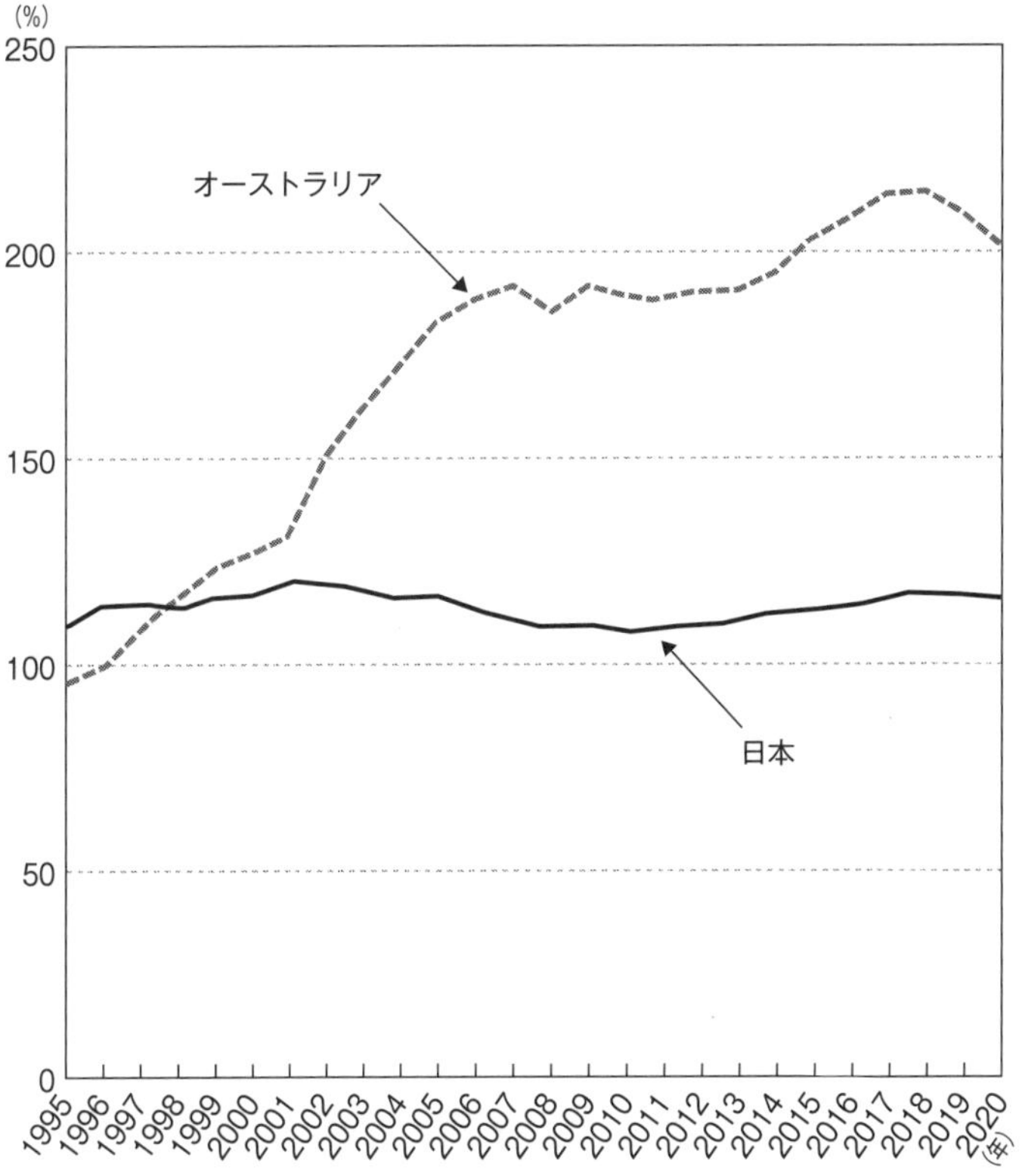

出所：OECD主要経済指標

出の感応度が両国間で異なる理由が理解しやすくなります。

オーストラリアはこの指標でOECD諸国の上位に位置しており、家計負債は1990年には約67％でしたが、2022年9月には188・5％にまで上昇しました。対照的に、日本の可処分所得に対する家計負債は100％強を維持しており、非常に安定しています。

さらに、両国の賃金は図表2-7に示した期間中、非常に低い伸び率のままです。オーストラリアの家計はGSTが導入されても消費を続けたのに対し、日本の家計は消費支出を大幅に減らしたことがはっきりと分かります。オーストラリアの家計は、可処分所得が減った時、支出能力を維持するために借金するのに対し、日本の家計は可処分所得が減ると支出も減らすのです。

負債の増大はマイナスの結果をもたらしますが（たとえば、家計の支払能力が金利の変化に敏感になります）、家計が借金する傾向が強いオーストラリア経済は、日本と比較してこの種の消費増税を吸収する能力が高いということに変わりはありません。したがって、日本の家計が可処分所得の減少を補うために負債を増やすことはないと分かっていたはずなのに、日本政府が歳入を増やすべく消費税を増税したのは驚くべきことです。日本での消費増税は、景気を後退させることが明らかなのですから。

つまり、日本で最適な政策介入を設計する場合、消費税という選択肢は経済停滞を招く可能性が非常に高いため、不適切だと言えるのです。

❖高水準の失業率を許容するオーストラリア

オーストラリアと日本では、近年の一人当たりGDPの推移はよく似ていますが、失業への対処の仕方には根本的な違いがあります。日本は1991年のバブル崩壊、世界金融危機、自然災害（東日本大震災、福島第一原発事故など）、そしてコロナ禍を経験してきたにもかかわらず、オーストラリアに比べて常に低い失業率を維持してきました（次ページ図表2−8参照）。

日本では低い失業率が社会的バランスを維持するための重要な要素であり、雇用主は労働者をコストのかかる負債ではなく、資産とみなしています。労働者も雇用者も雇用の安定を重んじており、このことは、日本の労働者が過去数十年にわたり低賃金を許容してきた理由の1つでもあります。

図表 2-8

失業率〈オーストラリアと日本〉
（1980年～2022年、単位は%））

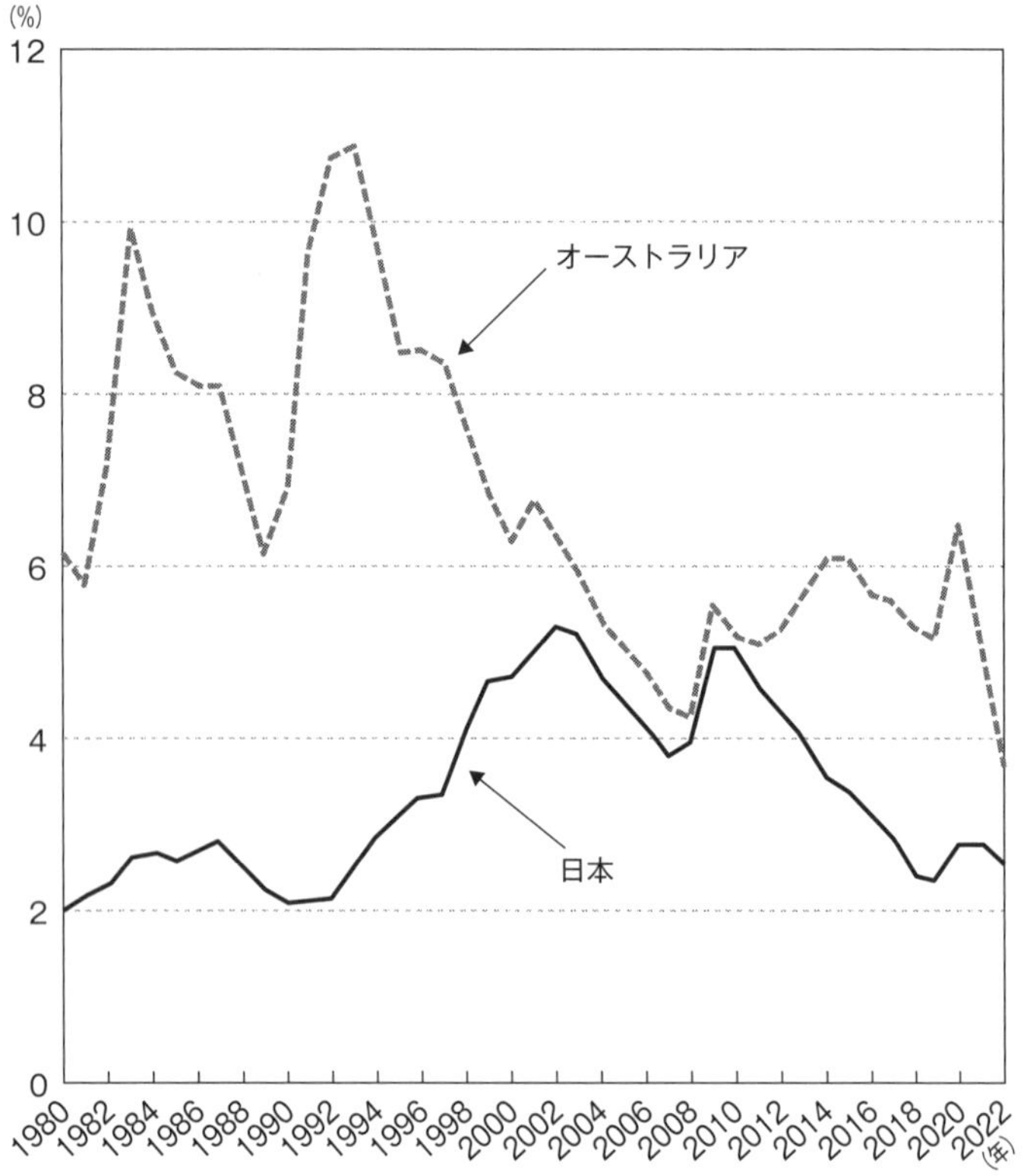

出所：IMF World Economic Outlook

対照的に、オーストラリア国民は新自由主義のもとで、より高い水準の失業率を許容するようになってきました。政府と企業は「失業者は働くことに関心がない。仕事がないのは自己責任だ」と市民に信じ込ませるための大規模な社会的キャンペーンを展開し、人々はそれを受け入れました。

オーストラリア国民は、失業は十分な雇用を創出できないシステム上の問題によって発生するのではなく、失業者個人が怠け者で規律がなく、働く気がないから発生するのだと教え込まれたのです。

大量失業の問題を、ケインズ時代のようにシステム面の危機と理解するのではなく、新自由主義的な個人の選択の結果だと論じることは「分割統治」の典型例であり、人々は失業率が高いにもかかわらず、仕事はたくさんあるのだと信じ込まされました。こうした社会的プロパガンダを通じて、政府は責任を回避することができたのです。

ただ、働くことに関する文化的背景や集団主義的な傾向を考えると、このような戦略が日本でうまくいくかは疑問です。

◈日本の政府は常に赤字を計上せねばならない

国民会計の枠組みから派生した部門別収支の枠組みは、政府部門、国内民間部門、対外部門の財務収支に関して新たな視点を提供します。

まず、以下の関係を考えてみましょう。

（1）(S−I)＝(G−T)＋(X−M)

ここで、Sは家計貯蓄、Iは企業投資、Gは政府支出、Tは税収、Xは輸出、Mは輸入です。

S、I、G、TおよびMはすべて、変化に対して敏感であると考えられ、この会計的関係は常に維持され、国民所得の変化を通じて等しくなります。

この関係をさらに単純化すると、次のようになります。

（2）(G−T)＝(S−I)−(X−M)

この式は、政府の財政赤字（黒字）と非政府部門の黒字（赤字）が、常に等しくなければならないというおなじみの結論を意味しています。したがって、財政黒字の拡大は、非政

図表 2-9

部門別収支〈日本〉

（1980年～2022年、対GDP比）

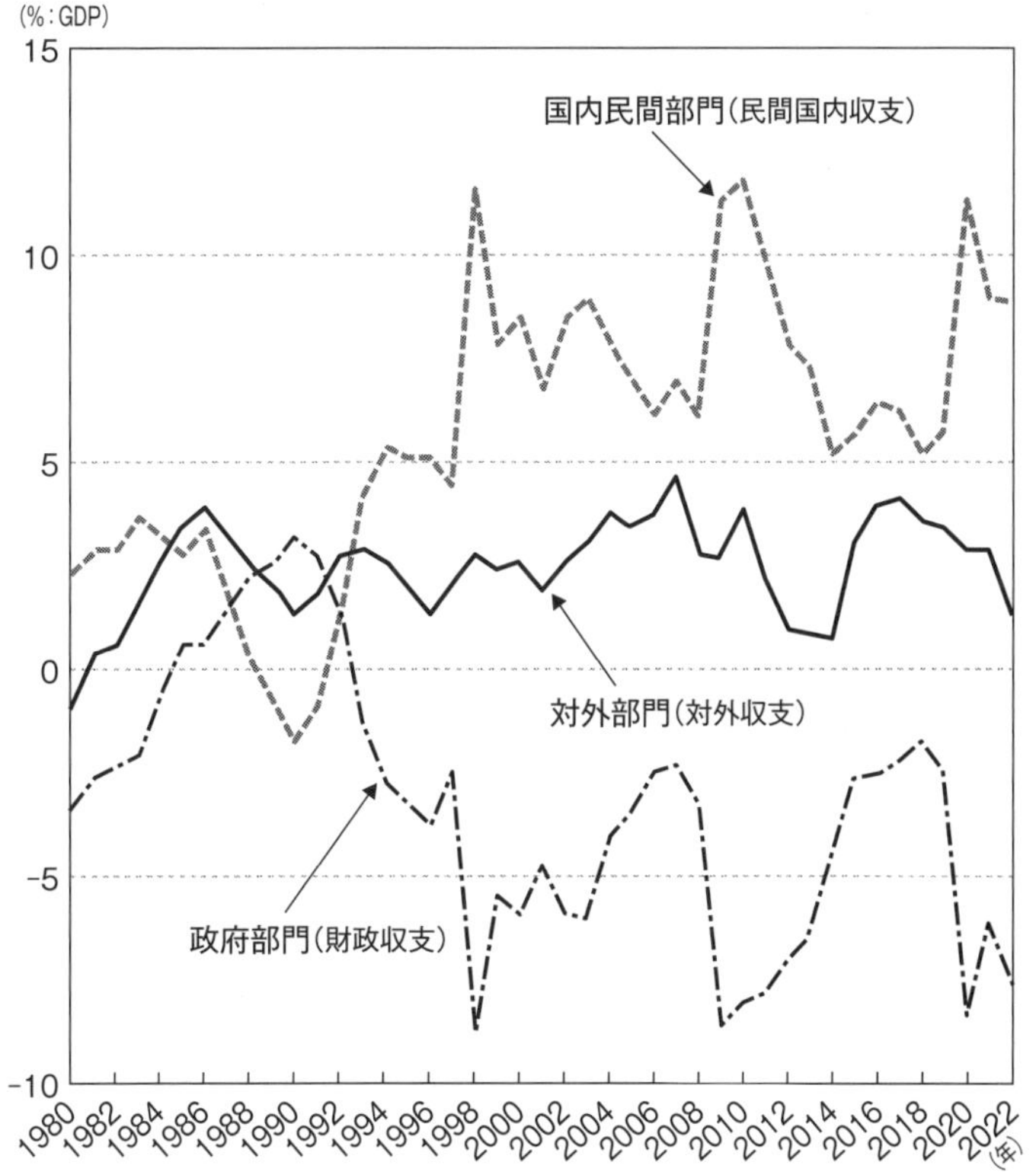

出所：IMF World Economic Outlook

府部門が収入よりも支出を多くした結果、負債が蓄積していることを示しています。財政黒字は非政府部門を赤字に追い込み、その結果生じる流動性の圧迫は、非政府部門の金融資産を削減することでしか解消されません。

図表2-9は、1980年から2022年までの日本の部門別収支を、対GDP比で表したものです。

対外部門は安定しており、ほぼ1～2％の黒字の範囲内で変動しています。対外部門が安定しているため、国内民間部門の黒字は、政府部門の赤字とほぼ鏡写しの関係になっていることが分かります。政府が赤字を減らそうとするたびに、国内民間部門の純貯蓄は全体としてかなり急激に減少してきました。

これは政府の赤字が、国内の民間経済における純金融資産の蓄積を支えているからです。政府が純支出を減らそうとするたびに、結果として非政府部門の流動性が圧迫され、同部門の純金融資産は減少していきます。

つまり、日本では貯蓄性向が高く、対外黒字が比較的安定しているため、政府は国内民間部門の貯蓄欲を満たすために常に赤字を計上しなければならないということです。この財政赤字の変動は、対外部門の変動からも大きな影響を受けます。対外黒字が減少すれば、所得の伸びを維持するために財政赤字を拡大させなければなりませんし、その逆もまた然りです。

◈オーストラリアの安定にも継続的な財政赤字が不可欠

図表2-10は、1980年から2022年までのオーストラリアの部門別収支を対GDP比で示したものです。

日本の財政収支の推移とは対照的であり、オーストラリアが安定を維持するためには、より継続的な財政赤字が不可欠であることが分かります。このグラフで示されている期間のうち、約85%が財政赤字の期間でした。財政赤字はオーストラリアにとって普通のことであり、政府部門が黒字を記録した期間は普通から逸脱した状態です。政府部門の黒字は、国内の民間経済を望ましくない状態にします。

1970年代半ば以降、オーストラリアはGDP比3～4%程度の対外赤字を計上してきました。この赤字は、一次産品価格を反映した交易条件の変動によって変化します。オーストラリアは資本輸入国であり、それが対外部門の収支を左右しているのです。

図表 2-10

部門別収支〈オーストラリア〉
(1980年～2022年、対GDP比)

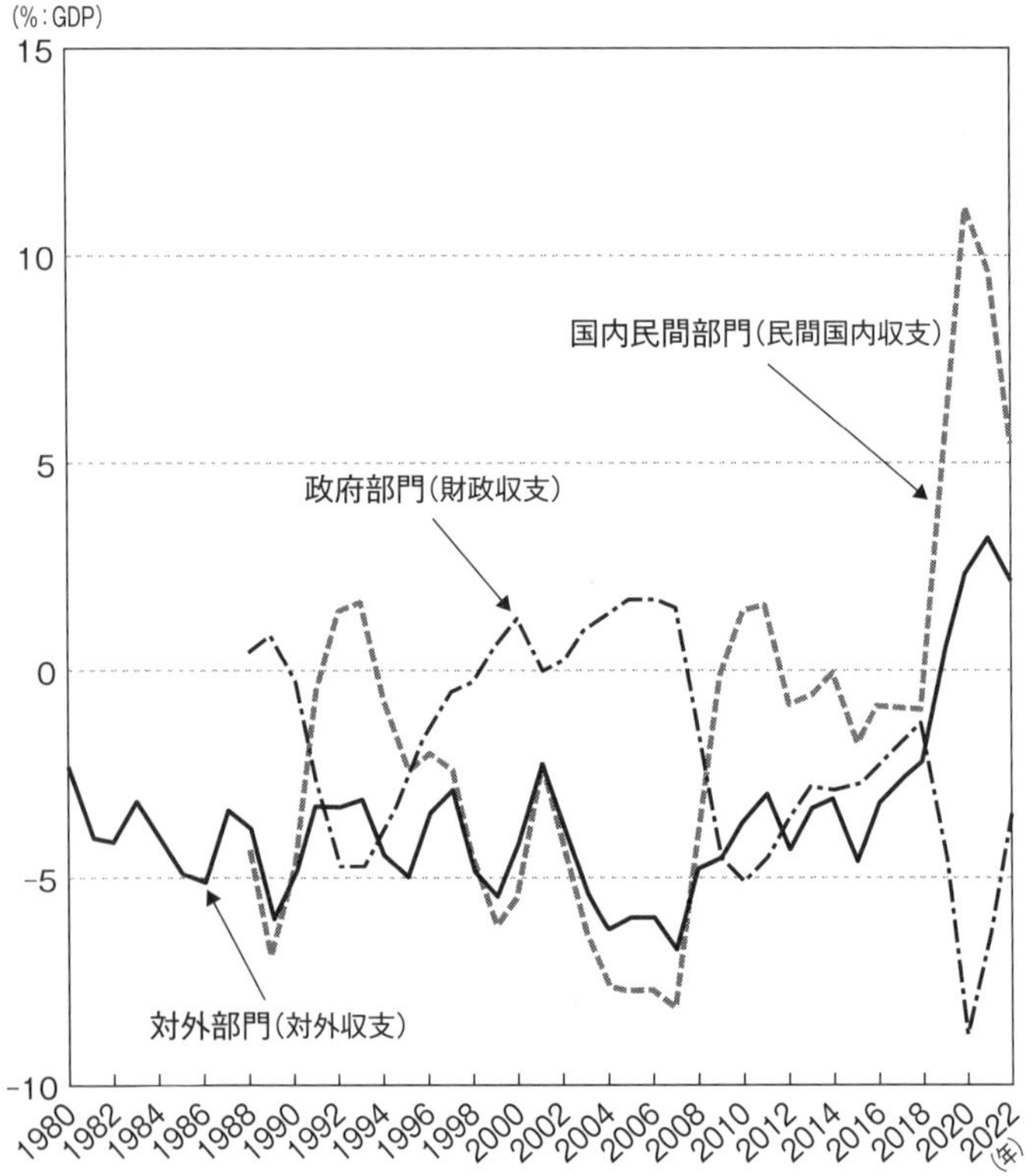

出所：IMF World Economic Outlook

オーストラリアが商品価格の高騰を背景に対外黒字を記録したのは、ここ数年のことです。ブームは一時的なもので、ブームが去れば構造的な対外赤字が再び顕在化します。ほとんどの予測では、今後数年間でGDP比3%程度の対外赤字に戻るとされています。

他の2部門のバランスに注目すると、日本の場合と同様に、政府の財政収支と民間国内収支の間に強い鏡像関係があることが分かります。1982年の不況後、マネタリズムがマクロ経済学の主流となったため、オーストラリアの政策立案者は財政赤字を解消し、政府部門を黒字化することを目指しました。そうすれば「国民貯蓄」が生まれ、生産的な投資が促進されるという誤った考えを持っていたのです。緊縮政策が採用され、さらに対外部門が赤字で成長の見通しが立たなかったため、流動性の圧迫により国内民間部門は赤字に追い込まれました。

この頃、金融市場の規制緩和が加速し、家計が信用供与により負債を積み上げることが非常に容易になりました。緊縮財政による流動性の低下と、より信用供与が容易になったことが重なり、家計は消費支出を維持するためにますます資金を借り入れるようになりました。

こうした時期は、1930年代の大恐慌以来、オーストラリアで最悪の不況となった1

991年の不況により終わりを告げます。政府は赤字に追い込まれ、国内民間部門の貯蓄は全体として黒字に転じました。

しかし、1996年に保守（新自由主義的）政権が誕生し、財政黒字化を追い求めるようになったことで、著しい財政の縮小を経験することになったのです。

その結果、家計貯蓄率は一気にマイナスに落ち込み、家計負債は急増しました。それまで家計貯蓄率は、可処分所得の平均10％程度でした。その後、政府が11年間で10回も黒字を維持できたのは、国内民間部門の債務蓄積によって総需要が牽引されたからです。その後に起きた前述の鉱業ブームも、財政縮小が続く中で需要を支えました。

しかし、もしオーストラリアの家計が可処分所得の減少に対し、日本の家計と同じような対応をとっていたら、財政黒字はあっという間に解消され、景気後退に追い込まれたことでしょう。

そうした時期も、世界金融危機によって政府が財政赤字に陥り、国内民間部門を黒字にさせるための所得支援が行われたことで終わりを告げました。

すべての政府にとっての教訓は、国内民間部門が全体として純貯蓄を望み、それに応じて支出行動の計画を立てるのであれば、財政黒字を目指すのは有害な戦略であるということです。オーストラリアの歴史からは、緊縮財政を課しながら経済成長を続けるには、国内の民間部門がますます債務を蓄積していくしかないという教訓を得ることができます。

しかし、それには限度があります。やがて国内の民間部門のバランスシートは不安定になり、信用供与を背景とした消費拡大が終わり、不況に陥るでしょう。日本は対外黒字があるために、成長を維持するために必要な財政赤字の規模が小さくなっているのは事実です。しかし、実際には、日本が大規模な景気後退を引き起こすことなく、いつまでも財政黒字を維持できる可能性は極めて低いのです。

❈日豪両国民の異なる幸福度感覚

日本では、長期にわたって賃金の伸び率が非常に低い状態が続いています。また、低インフレにもかかわらず、一部の業種では実質購買力も低下しています。日本の労働者はこの状況を許容していますが、彼らは幸せなのでしょうか。また、オーストラリアの労働者は、日本の労働者ほど賃金が抑制されていないので、より幸福であると言えるのでしょうか。

持続可能な開発ソリューション・ネットワーク（the Sustainable Development Solutions Network）が発行する「世界幸福度報告書」では、世界的な調査を通じて得られたデータから、人々がより良い人生についてどのように考えているか、いくつかの尺度にわたって考察しています。個々の要素は幸福度指数を構成するものです。

ヘリウェルらは、幸福度指数を構成する個々の要素について以下のように概説しています（２０２２）。

一人当たりＧＤＰ――購買力平価をもとに測定。
健康寿命――平均してどのくらいの期間自立した生活ができるか。
ソーシャルサポート――困った時に頼れる人がいるか。
選択の自由――個人がどの程度選択できるか。
寛大さ――個人が慈善団体に寄付する度合い。
汚職認知――政府や価格支配力のある企業における汚職行為の認知度。

図表2-11は、オーストラリアと日本の２０２２年の調査結果をもとに作成したグラフです。調査対象国全体の幸福度の平均は５・２であり、オーストラリアと日本はともに平均を上回っています。オーストラリアは調査対象国１４６か国中、総合で12位、日本は総

図表 2-11

世界幸福度報告書調査結果〈オーストラリアと日本〉
（2022年）

オーストラリア

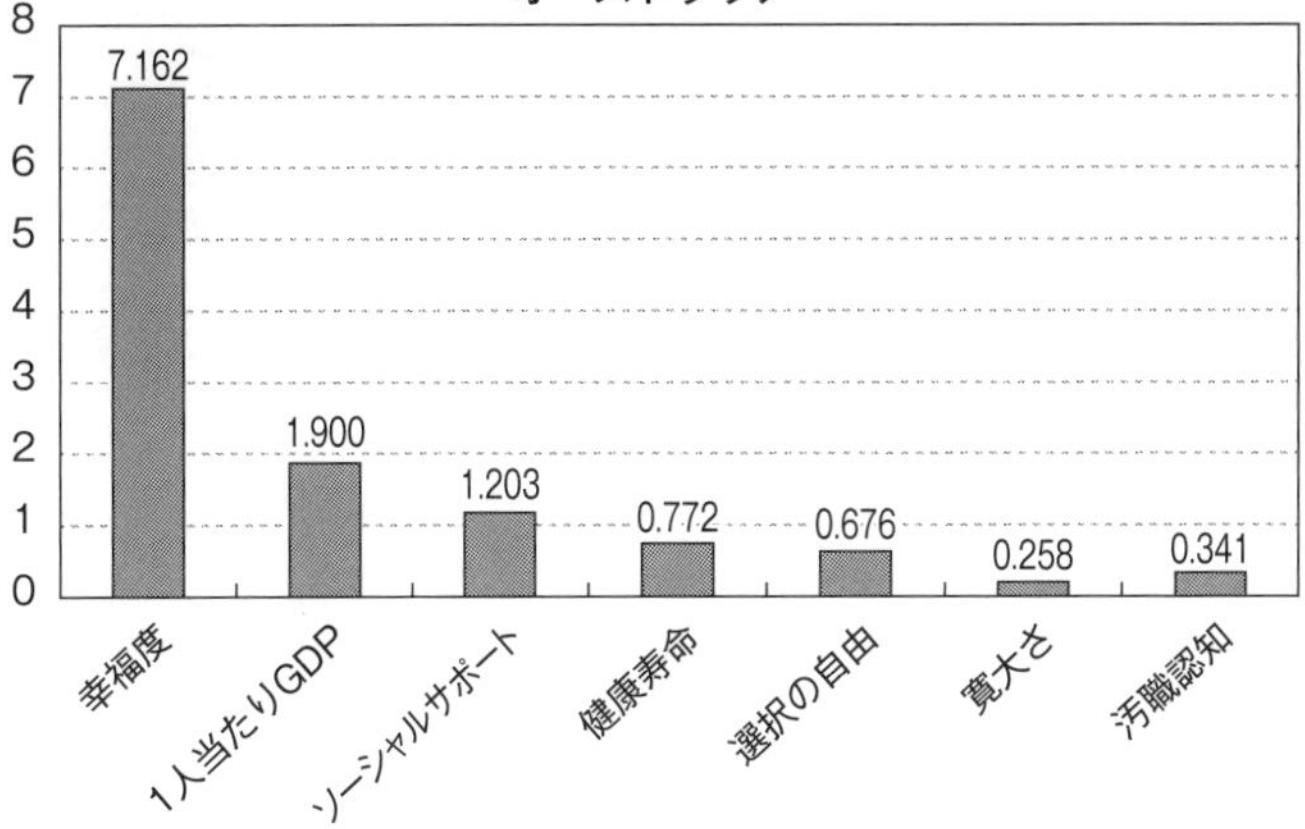

日本

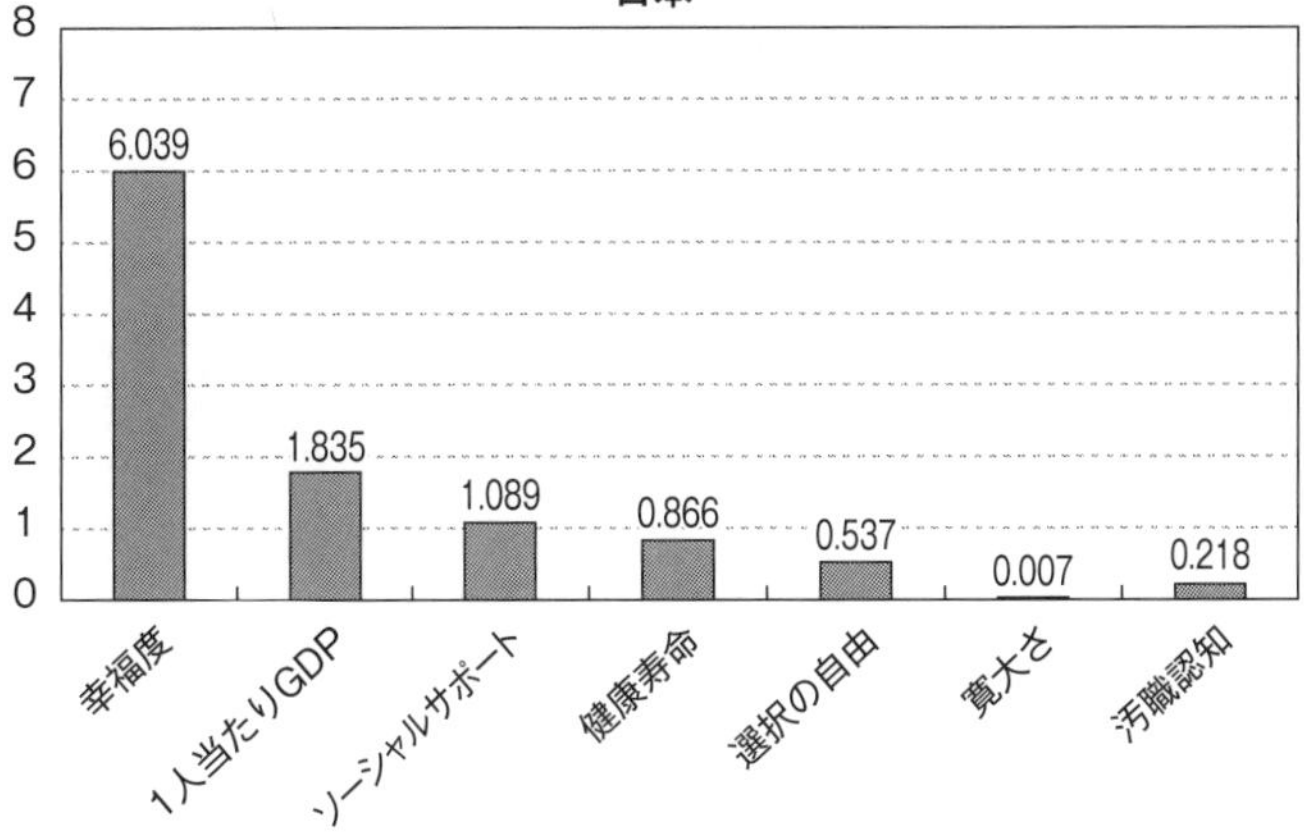

出所：世界幸福度報告書2022年版

合で54位でした。最も幸福な国はフィンランド（評価7・821）で、最も不幸な国はアフガニスタン（評価2・404）でした。

個々の要素を見ると、日本人はオーストラリア人に比べて一人当たりGDPが、各人が幸福であるか否かに及ぼす影響度が低い一方、健康であることや医療制度が充実していることが、人々が幸福であるか否かを決める傾向が強いようです。

また、オーストラリア人は日本人よりも寛大さや、ソーシャルサポートが高いか否か、ということが個々人が幸福であるか否かを決する傾向が強い、という結果も出ています。そして、オーストラリア人は日本人に比べて、公的機関や民間企業が腐敗しているかどうか、という認識が、幸福水準により強い影響を与えていることが示されています。

こうした次元をさらに探求し、より広範で統合的な比較分析を行うことが今後の研究課題になるでしょう。

この入門的な比較分析では、日本経済とオーストラリア経済の動向について、その類似点と相違点を明らかにしました。この分析が、さらなる研究課題を掘り起こすきっかけになれば幸いです。

〈参考文献〉

Helliwell, J.F., Huang, H., Wang, S. and Norton, M. (2022) 'Statistical Appendix for Happiness, benevolence, and trust during COVID-19 and beyond', World Happiness Report 2022.

Mitchell, W.F., Wray, L.R. and Watts, M.J. (2019) Macroeconomics, Red Globe Press, London.

第3章

インフレ時代の財政論

——今求められるコストプッシュ・インフレ対策

藤井 聡

◈２０２３年現在の日本経済の現状

本書に集録したミッチェル教授との対談が２０２２年の11月であったが、あの時、我々は日本経済について次のように論じていた。

ミッチェル　長期で見た経済の基礎的条件は、依然としてデフレに傾いています。現在は一時的なインフレ要因によって覆い隠されている、もしくは相殺されているだけです。こうした傾向のもとでは、ＯＰＥＣが原油の供給を増やせば価格はすぐに低下しますし、コロナ禍によるサプライチェーンの問題が収まれば……。

藤井　その時には再びデフレ圧力に直面するだろうということですね。

ミッチェル　そこが重要なポイントです。言い換えれば、日本が置かれているデフレという状況と、現在短期的に経験しているインフレの状況は矛盾しないのです。

つまり当時我々は、日本の基礎的な成長力は全く脆弱なものであって、表面的に物価高の「インフレ」に見えていたとしても、経済状況全体は、消費も投資も低迷する「デフレ」状況であり続けるだろう、と予測していたわけである。

はたして我々の予想は当たったのか外れたのか。

まず、今日のインフレ率を確認してみよう。2023年に入ってからおおよそ3％強を推移している（図表3‐1）。要するにいまだ、インフレ率は昨年に比べて少し落ち着いてはいるが、**「安定的なインフレ」と呼べる水準で推移**しているわけである。

これは要するに、ミッチェル教授らと論じたような、「ウクライナ戦争」や「円安」等の直近の「インフレの要因」がいまだ我が国からなくなってはいないことを意味している。これはいわば、想定範囲内の状況だ。

一方で、「成長率」はどうなっているのかと言えば、直近の新聞報道では、「年率は4・8％増」（実質値）という、文字通り「景気」の良い数字が踊っている。我々は、「いまだ、デフレ基調が存在しており、力強い成長は無理だろう」と論じていたわけだが、この4・8％増という数値は、少々想定外となっているように見える。

しかし、その内訳を見てみると、我々が1年前に想定していた通り、我が国の経済はいまだ実にお寒い状況下にあることがクッキリと見えてくる。

図表 3-1

インフレ率の推移(CPI前年同月比)

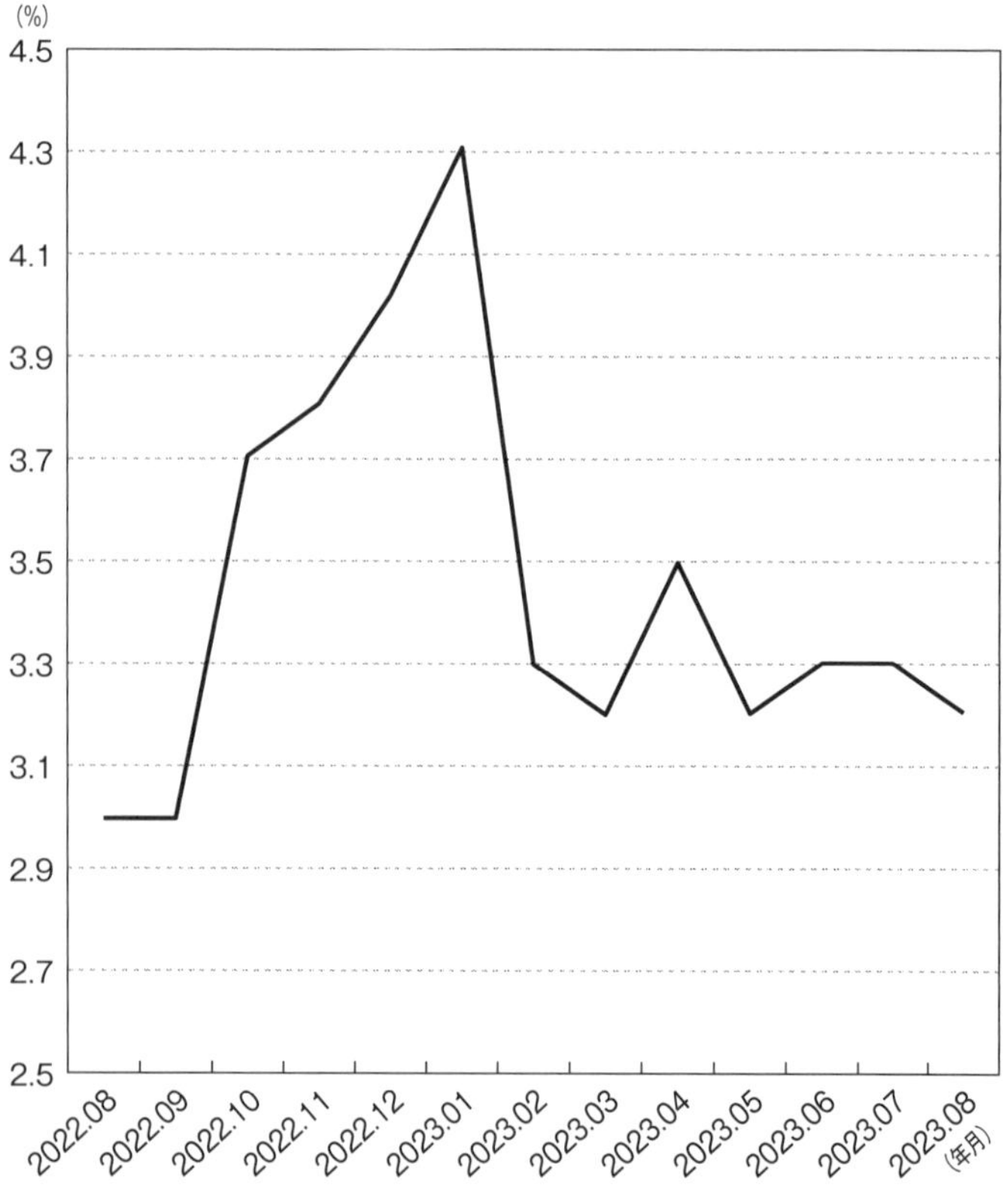

出所:総務省(2020年基準)消費者物価指数、全国2023年(令和5年8月分)

ロイターでは、「内需寄与度は前期比0・6％減、外需寄与度は1・8％増」と報道されている。内需、というのは、日本国民の消費や投資を意味する。一方で外需というのは、貿易による需要を意味している。

つまり、プラス4・8％という数字そのものは景気が良いように見えるが、日本経済の基礎体力と言うべき、「日本人の消費や投資」は増えているどころかむしろ縮小しているのである（詳しく見ると、消費は2・5％、投資は4・0％、それぞれ「マイナス」で縮退している）。

一方で、貿易による需要が増えたことを通して、表面的な数字「だけ」が、プラスに成長しているように見えているにすぎないわけである。ちなみに、貿易は輸出と輸入から構成され、その定義から、「輸出が増えると外需が増える」一方、「輸入が減れば、外需が増える」のだが、それぞれの増減を見ると、「輸出が12・9％増加」した一方、「輸入が16・5％減少」しているという結果となっていたのであり、これらが現在の日本の成長率の「数字」をプラスに押し上げたのである。

これをまとめて言うと、今の日本経済は、日本人の消費と投資は減り、大きなマイナス成長圧力がかかっているが、それを乗り越えるほどに今、外国人への輸出が伸び、しかも、外国人からの輸入が減って、**統計上の都合で**、大きな「プラス」の成長がもたらされているように見える数値結果となったのだ、という次第である。

ちなみに、輸出が増えたのは、昨今激しく進んでいる「円安」の必然的帰結であって、日本の基本的な経済活動の活力水準とは全く関係の無い帰結だ。円安になれば、輸出した日本製品の売り上げを円に両替すると必然的により大きな日本円になり、結果的に輸出額が増えるからだ。一方、「輸入が減る」という結果は、むしろ日本人がモノを買う力が減っていることを反映するものでもある。したがって、輸入が減ってGDPがプラスに成長しているように見えているのは、日本人の購買力が減ったことを通して得られた、統計マジックのような数値結果にすぎないわけだ。

少々細かいことを解説したが、**要するに今の日本経済は、表面的な「4・8%プラス成長」という派手な数字とは裏腹に、購買力が縮小し続けている状況にあるのである。**

これはまさに、1年前にミッチェル教授と議論していた通り、インフレ率だけは、3%程度という適度な水準を保っているように見えても、**我が国経済の実態はいまだ、経済停滞状況にある**ことを意味しているのである。

◈賃金がさして上がらないのにインフレが進み、国民が貧困化する

こうした帰結は、多くの国民の肌感覚に沿うモノだろう。

一部の「お金持ち」を除けば、ここ最近、自分たちの暮らしが経済の点から言って良くなってきたと感じている国民は限られている筈だ。給料は上がらないのに、電気代、ガソリン代をはじめとしてあらゆるモノが高騰してしまっている。

一方で、ニュースでは「賃上げ」が徐々に進んでいるという話を耳にする方もおられるであろう。

事実、図表3−2に示した通り、ここ最近、確かに我々の賃金は「マイナス」でなく「プラス」の勢いで推移している。賃金が全く伸びず、むしろ下がり続けた完全なるデフレ状況では考えられないような望ましい傾向だ。

しかし、この図表3−2に改めて掲載した物価上昇率と比べれば、ほぼ常に一貫して物価上昇率の方が賃金の上昇率よりも高くなっている。このことは、私たちの賃金は、見かけ上は上がってきているようには見えても、「実質的」には、上がるどころかむしろ下が

図表 3-2

物価上昇率と賃金上昇率（前年同月比）

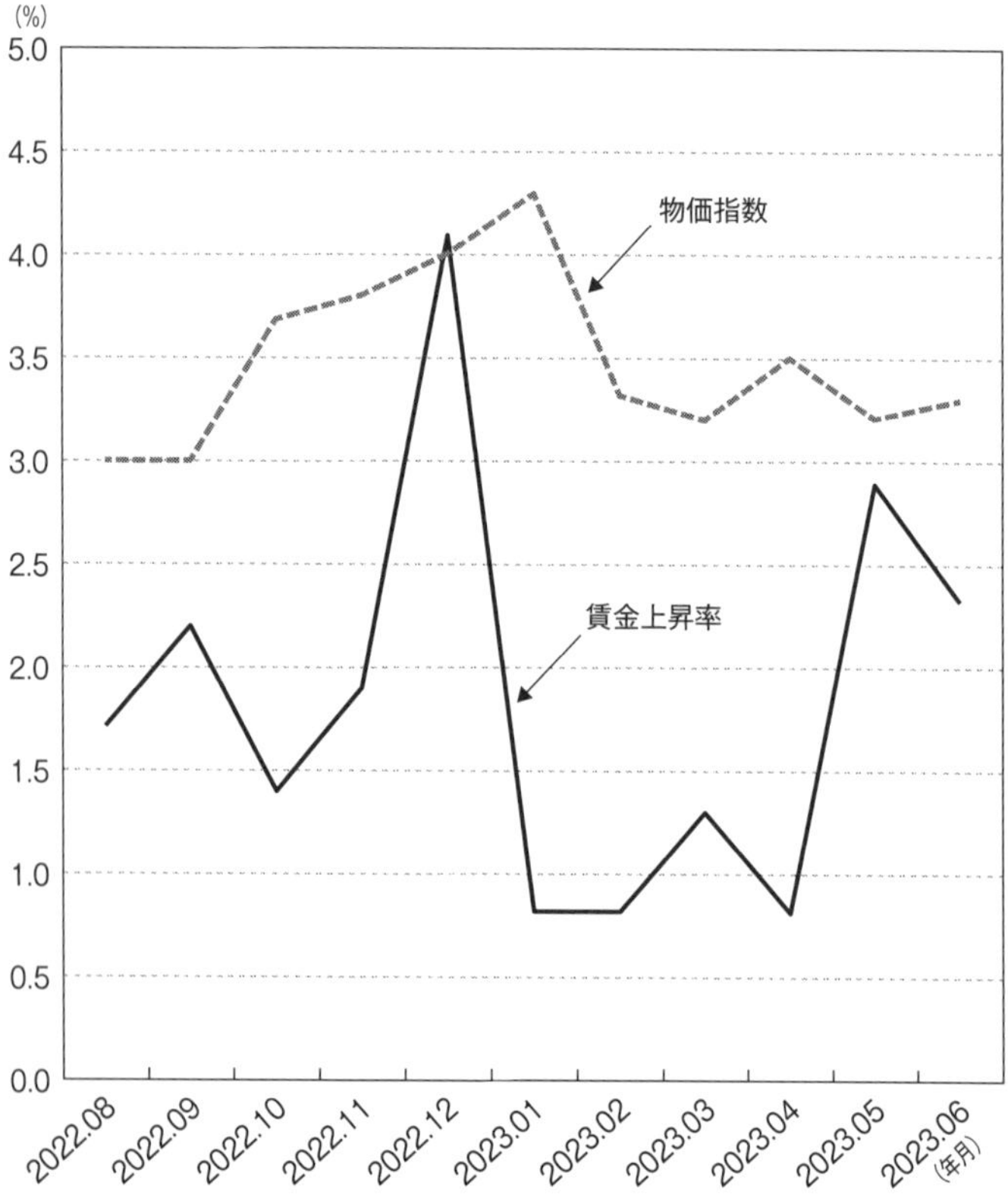

出所：厚生労働省・時系列表第1表（事業所規模5人以上：賃金指数）

り続けていることを意味している。つまり、**日本国民は今、このインフレの中で着実に「貧困化」しているの**である。

したがって、多くの国民がこのインフレをあくまでも「きつい」ものとして認識しているのは、至って当然のことなのである。

❖日本のインフレ率は世界的に見れば著しく低い

しかし、物価上昇率を遥かに凌ぐほどに高い水準にある日本の物価上昇率であるが、それは世界的に見れば極端に低い水準にすぎない。図表3-3は、世界の約200か国の2022年の（年間平均）物価上昇率であるが、ご覧のように、日本は最も物価上昇率の低い一握りの国々の1つであることが分かる。

2022年、**世界は平均で13%もの割合で物価が上昇**していた。これは、このままのインフレが10年続けば**物価は3倍**にもなる、という凄まじい勢いだ。それに比べれば、**日本の2・5%というのは10年経ったって、物価は25%しか上昇しない**位の、世界に比べれば極めて弱々しいインフレなのである。

図表 3-3

世界各国のインフレ率（2022年年間平均値）

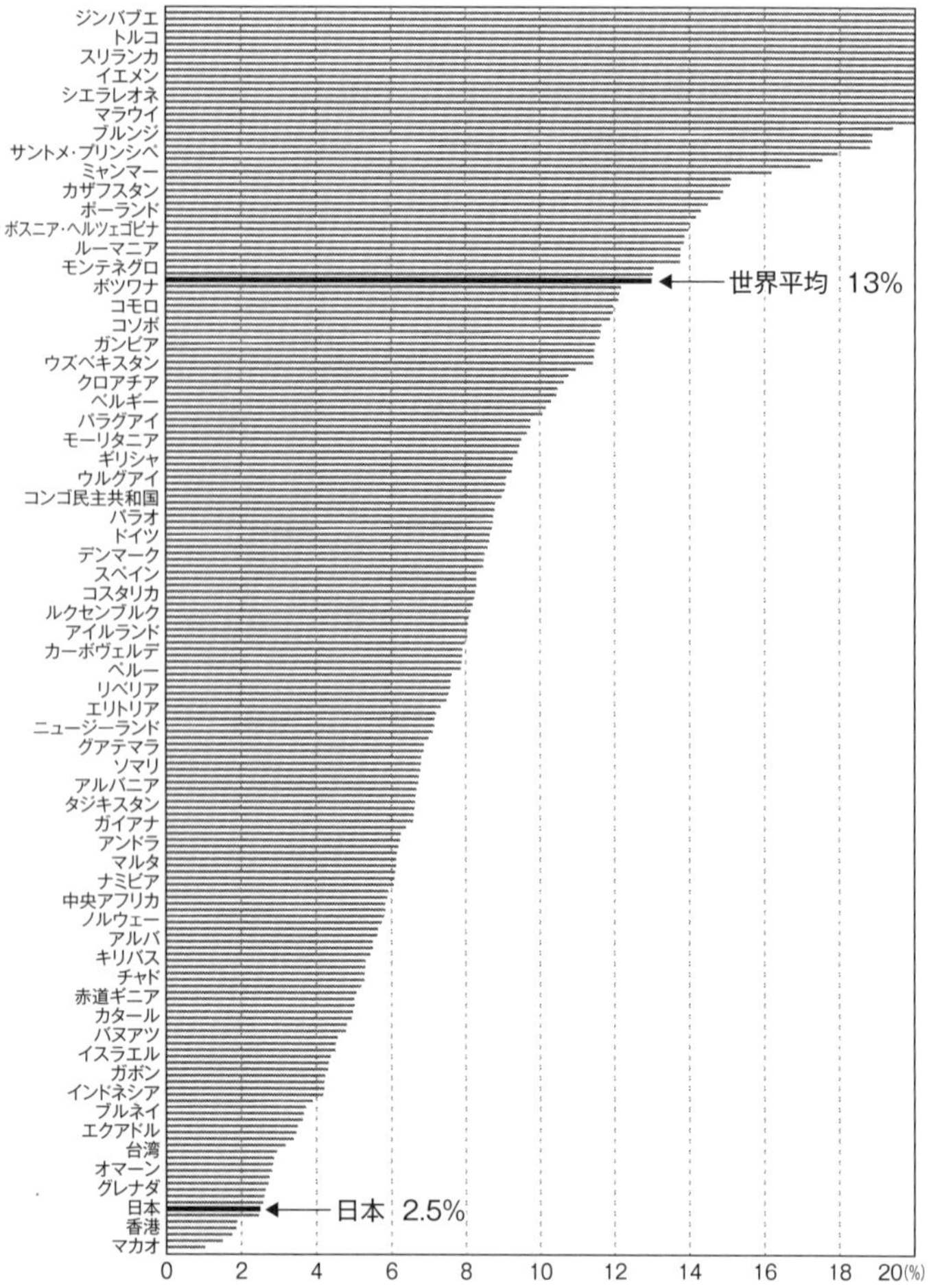

出所：IMF - World Economic Outlook Databases（2023年4月版）

日本のインフレ率がここまで低いのは、昨年、ミッチェル教授と議論したように、日本経済そのものにはいまだ**「デフレ」基調が濃密に残っているから**に他ならない。つまり日本においては、世界中で石油やガス、そして小麦などが不足し、価格が高騰しており、しかも、凄まじい勢いで円安となり、輸入品すべての価格が激しく高騰しているにもかかわらず、肝心の日本国民の賃金がほとんど伸びておらず、日本人による日本国内における消費や投資が伸びず、それによって強烈な「デフレ圧力」が日本国内に残存する格好となり、インフレ率を世界最低水準に引き下げているのである。

❖ コロナショックによる経済被害は、概ね回復した

では、この日本国内に残存する強烈な「デフレ圧力」は何故に存在するのであろうか？

1つ考えられる原因が、2020年から猛威を振るった「コロナ不況」だ。

2020年3月から第一波が訪れた新型コロナに対応するために、日本政府は緊急事態宣言や蔓延防止措置等を繰り返し、日本経済が激しく傷ついたのは、記憶に新しい。

図表3－4は、ここ最近（2016年以降）の我が国の実質GDPの推移だ。

図表 3-4

実質GDP（年率）の推移とコロナ＆消費増税ショック

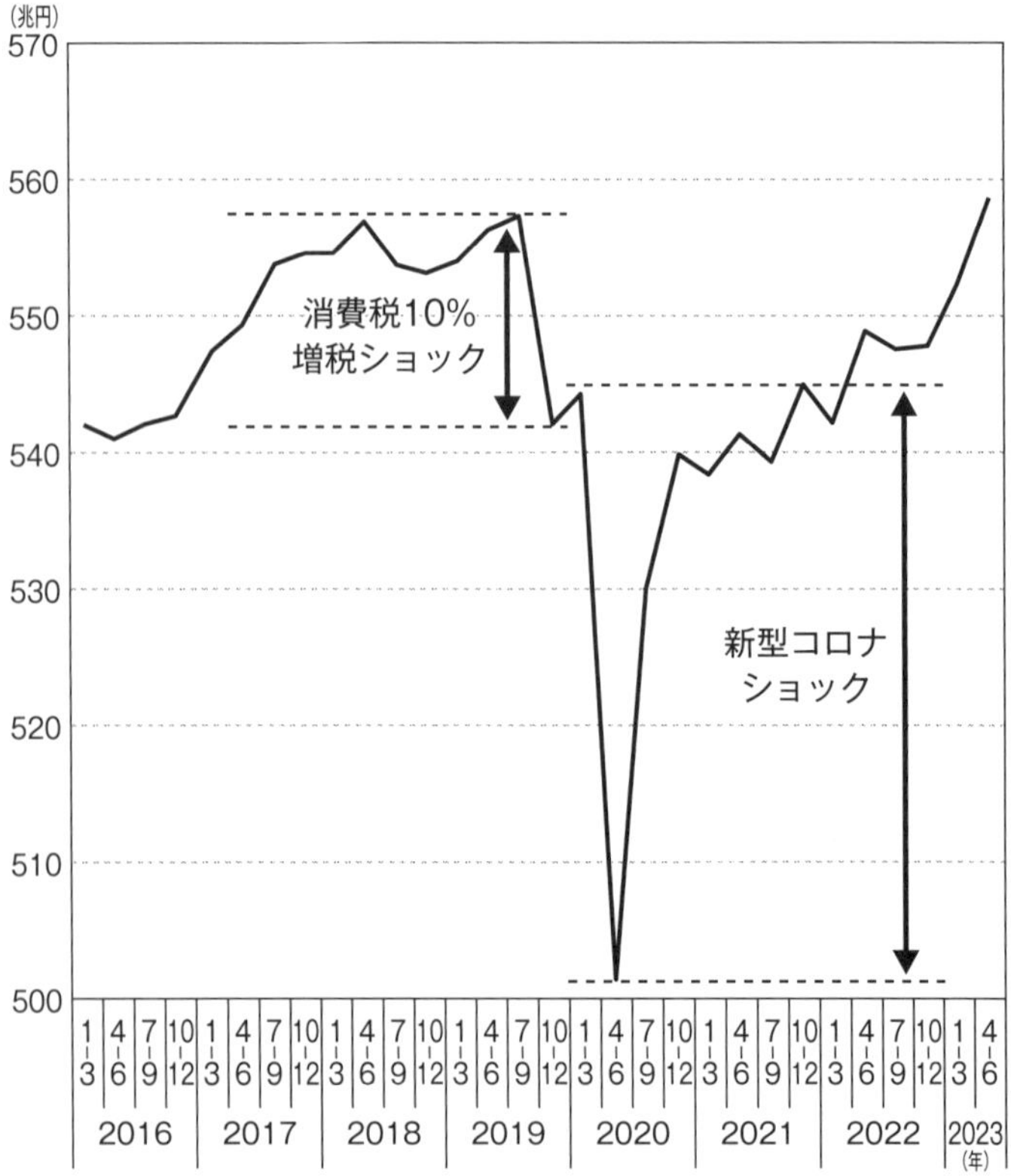

ご覧のように、日本に一定の新型コロナ患者が確認され始めた2020年の4～6月期に、実質GDPは前期から年率で一気に「40兆円」も激しく下落した。これは、当時の政府が「緊急事態宣言」を発令し、北海道大学（当時）の西浦教授が主張する「8割自粛」の方針のもと、徹底的な「ステイホーム」を国民に半強制的に強要し、それによって経済活動が大幅に低迷することとなったからである。

ただしその後、その40兆円の経済被害は徐々に回復していき、新型コロナ上陸から2年が経った2022年頃にはおおよそ、コロナ直前の水準にまで回復している。

その後、2022年から2023年にかけては、少なくともこのグラフを見るかぎり急速に回復しており、1年で年率約20兆円も実質GDPが回復していることが分かる。

また、そのGDPの内訳を見てみても、経済成長において最も重要な、民間の消費と投資に着目すると、図表3-5に示したように、**消費、投資の双方について、現在の水準が、コロナ直前期とほぼ同水準に戻っている**ことが分かる。

すなわち、**2020年から約3年の歳月をかけて、コロナショックによる経済被害は概ね回復した**のである。

図表3-5

コロナ直前期と現在の民間の消費と投資(実質値)

	消費	投資
コロナ直前期 (2020年1〜3月期)	296.6兆円	90.7兆円
現在 (2023年4〜6月期)	295.6兆円	90.5兆円
変化率	−0.3%	−0.2%

◈「消費増税ショック」が今、濃密に残存している

しかし、前のGDPのグラフ（図表3-4）を見ると、新型コロナが上陸する直前の2019年の10～12月期にも、おおよそ**年率20兆円近くの経済ダメージ**が生じていることが分かる。

これは、2019年の10月1日に8％から10％へと2％分、**消費税が増税されたことによる経済被害**を意味している。

つまり我が国は、2019年10月の消費増税と、2020年3月の新型コロナ上陸の「ダブルパンチ」によって、年率560兆円程度であった実質GDPが実に60兆円も縮小し、500兆円程度にまで下落してしまったのである。

ただし、このダブルパンチの巨大被害は、少なくともこの実質GDPのグラフを見るかぎり、ここ1年間の急速な「成長」によって、おおよそすべて回復したように見える。消費増税直前の2019年7～9月期の水準に、最新の値がようやく追いついた格好となっているからである。

では、本当に日本経済はこの増税&コロナのダブルパンチ前の状況に回復したのだろうか？

この点を確認するために、増税直前の2019年7〜9月期と、現在（2023年4〜6月期）の、（図表3-6に示した）各種マクロ統計値を比較してみることとしよう。

ご覧のように、GDP（実質値）は、消費増税直前期に比べて現在の方が、「0・2％」という僅かな水準ではあるものの、幾分高い値となっている。

では、この「プラス成長」は何によってもたらされたのかを、各指標の成長率に着目して考えてみると、消費や投資といった「民間の内需」が成長しているわけではないことが分かる。それぞれ3・0％、3・1％ずつ「下落」しているからである。

これはつまり、我が国の経済は、「消費増税前」に比べて圧倒的に**「内需」がしぼんでいることを示している**。具体的な金額水準で言うなら、消費は9・2兆円もへこんでしまい、民間の投資も2・9兆円縮小し、**合計で12・1兆円も縮小**しているのである！　この内需の圧倒的な縮小こそ、ミッチェル教授と当方が2022年時点で指摘していた**「強烈なデフレ圧力」の実態**なのである。

一方で、貿易関係については、輸入は横ばいであるが、輸出は5・2％、水準にして

図表 3-6

日本における消費増税直前および 2023年現在の実質マクロ経済統計値

	GDP	消費	投資	輸出	輸入
消費増税直前 2019.7-9	557.4兆円	304.8兆円	93.4兆円	104.6兆円	105.6兆円
現在 2023.4-6	558.6兆円	295.6兆円	90.5兆円	110.1兆円	105.5兆円
成長率	0.2%	−3.0%	−3.1%	5.2%	−0.1%

5・5兆円増加している。この輸出の増加によって、内需が12兆円以上も縮小しているにもかかわらず、かろうじて、若干のプラス成長がもたらされる結果となったにすぎないのである（ちなみに、増税前に比べて政府支出が、主として「政府最終消費」において増えているため、今日の若干のプラス成長は、円安による輸出の増加と政府最終消費の拡大、という日本経済の実力とは無縁のものによってかろうじてもたらされたのである）。

したがって、現状における「実質GDPの回復」は単なる見かけ上のものであって、**本来的に日本経済が回復したとは到底言えない状況にある**のである。

ところで先程、コロナショックの傷はおおよそ癒えた、ということを指摘したが、この点を踏まえるなら、**今日みられる内需の縮小、および、それに伴う経済、ひいては賃金の低迷は、コロナショックではなく、10％への消費増税によってもたらされたものだと結論づけることができる。**つまり、今から約4年前の消費増税直前期から、約9兆円の消費が減り、約3兆円の投資が減り、あわせて約12兆円もの内需が縮小したのは、消費税が増税されてしまったからなのである。

❖現在の日本経済低迷の諸悪の根源は「消費増税」である

多くの国民が実感しているように、今日、我々の暮らしが苦しくなってきている。そしてその原因は、直近ではウクライナ戦争や円安に端を発する「物価高」が原因のようにも見えるし、記憶に新しいところでは「コロナショック」であるかのようにも思えてくる。しかし1つ1つデータをゆっくりとひもといていくと、**2019年10月の消費増税こそが、最も根源的な原因である**ことが見えてくる。

そもそもコロナショックは、コロナがやってきてから3年半の年月を通しておおよそ回復している。その一方で、**2019年の消費増税によって内需が12兆円規模で縮小してしまっている実態がある。**そしてその内需縮小の結果として、**国民全体が実質的な「貧困化」の圧力にさらされる**に至った。

ただし、ミッチェル教授と当方が指摘した、我が国に残存する強烈な「デフレ圧力」は、なにも2019年の消費増税だけによっていきなりもたらされたものではない。「失われた20年」という言葉があるように、そのデフレ圧力は20年以上前の1990年代から一貫して存在しているのである。

既に、ミッチェル教授との対談で述べたように、そうしたデフレ圧力をもたらした最初の契機は**1997年の消費増税**である。

この点を明らかにするために、ここで、日本人の「消費」が、如何に消費増税によって激しく縮小してきたか確認することとしたい。

ただし、その点を確認する前に、消費というものが、マクロ経済にとってどれほど重要であるかを簡潔に解説しておくこととしよう。

そもそも日本のGDPに占める消費の割合は、おおよそ5割5分から6割程度の水準にある。そして、消費が増えればそれに伴って民間はその拡大した消費に対応するために投資を行うことになることから、投資も拡大する。逆に言えば、消費が縮小すればそれにあわせて投資も縮小する。

さらには、日本のようにプライマリーバランス規律を導入している状況では、投資や消費が拡大し、それによって税収が増えればその分、政府支出が拡大する。したがって、消費が拡大すれば、民間投資のみならず政府投資、政府消費も拡大することになるのである。一方で、消費が縮小すれば、民間投資も政府投資も政府消費も皆縮小することになる。つまり、**消費というものは、日本経済の動向を決定づける最大の鍵**なのである。

さて、図表3-7は、その日本経済の成長衰退の要である消費の、1994年から今日に至るまでの推移（実質値）を掲載したものだ。

概して消費は1994年以降、概して一貫して伸び続けてはいる。1994年当時、250兆円弱であった消費は今日、300兆円程度にまで伸びてきている。

しかし、過去30年の間、何度も何度も、**「冷や水」**を浴びせかけられるように、縮小させられてきていることが分かる。その代表的なものが、

- リーマンショック
- 東日本大震災
- コロナショック

の3つであるが、これと同様に、

- 5%消費増税
- 8%消費増税
- 10%消費増税

もまた、伸びよう伸びようとする消費に対して、強烈な「冷や水」を浴びせかけてきたこ

図表 3-7

実質消費の推移

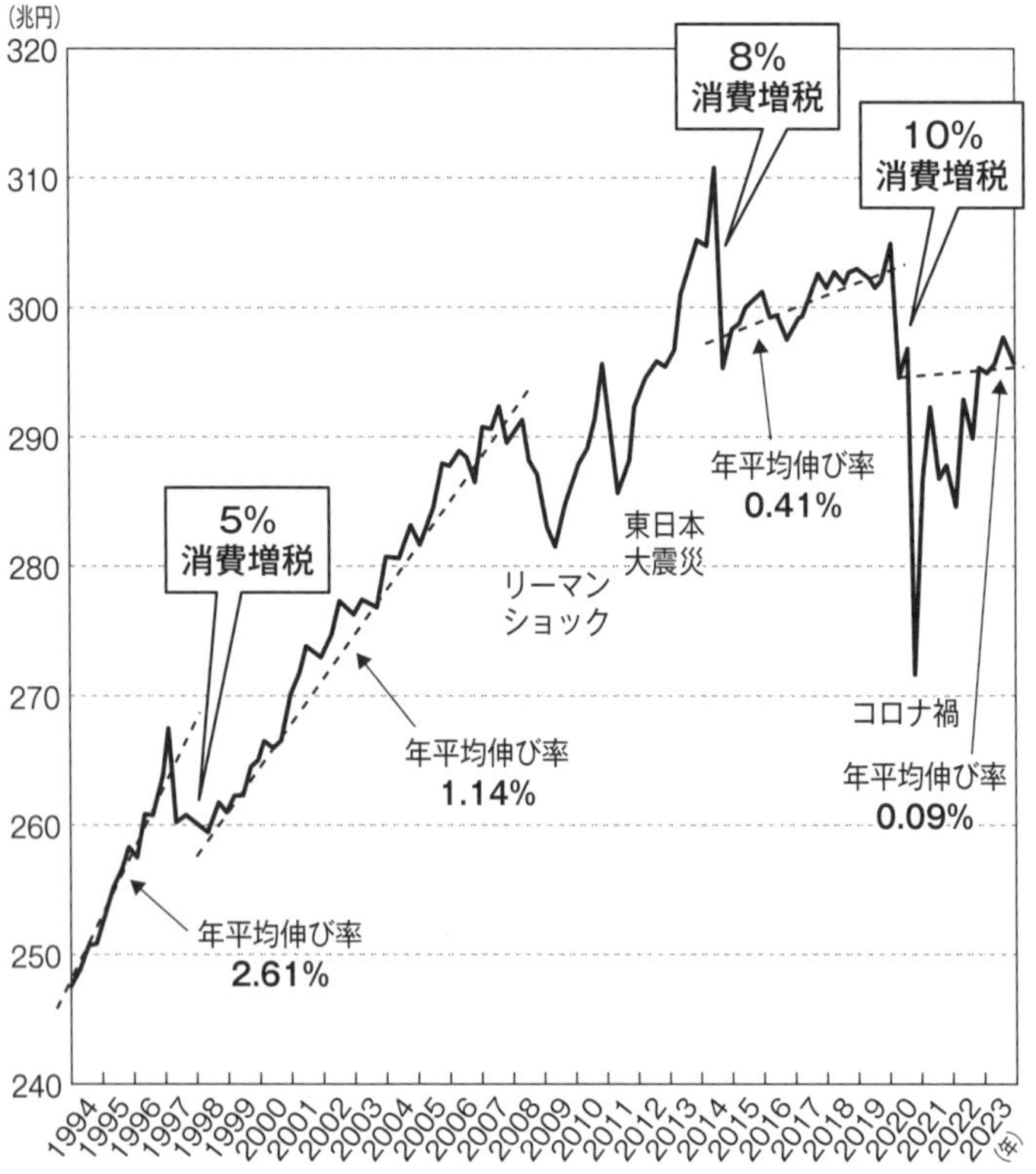

注：10%消費増税後の年平均伸び率は、コロナショックによる経済被害は現時点において完全に回復しているとの前提のもと、消費増税直後と最新のそれぞれの消費の2点の直線の傾きを求めることで推計した。

出所：内閣府(実質季節調整系列)
(注：増税後の伸び率平均は増税後1年から算定)

とが分かる。

具体的に言うと、リーマンショックや東日本大震災は10兆円前後、消費を冷やす「被害」を与えてきたのだが、それぞれの消費増税もそれらと同様、あるいはそれ以上の10〜15兆円程度の「被害」を与えている様子がグラフによって示されている。これらの中で特に巨大な被害をもたらしたのは、「8割自粛」を国民に実質的に政府が強要し、それによって20兆円以上の被害をもたらしたコロナショック期であるが、消費増税はリーマンショックと同様、あるいはそれ以上の経済的被害を「瞬間的」に与えていることが分かる。

ただし、ここでとりわけ重要なのはそうした「瞬間的被害」ではない。

それよりも**むしろ重要なのは、消費増税をすれば必ず消費の「伸び率」が「下落する」、という点**である。

すなわち、消費の（年間）伸び率は、消費税を5％に増税したことで2・61％から1・14％に下落し、8％に増税したことで0・41％まで下落し、さらに10％に増税したことで今度は0・09％にまで下落している。つまり、消費の伸び率は、消費税を増税する度に、

2・61％→1・14％→0・41％→0・09％

と着実に、しかも、激しく下落し続けてきたのである。

この**「伸び率の下落」は、消費に対して極めて深刻な影響を与える。**

「伸び率」という数字だけだと分かりづらいかもしれないが、これはたとえば、20年経てば、どれだけ消費を増やすのかに換算してみると、図表３−８のようになる。

まず**「20年間成長率」**の列をご覧頂きたい。たとえば、消費税率が３％の時、年間成長率が２・61％だが、この成長率が20年間継続したとすれば、その20年間で消費の総額は**「１・67倍」**になる。ところが、消費税率が５％の時には、20年後の消費は**「１・25倍」**にしかならず、８％の時には20年経っても**「１・09倍」**、10％の時には20年経っても**「１・02倍」**にしかならない。

ここで、１９９７年の消費増税直前の消費水準２６７兆円を基準とすると、もし仮に５％への消費増税をしていなかったとすれば、日本の消費は20年間で１・67倍の**「４４７兆円」**という非常に高い水準になっていたであろうと推計されることとなる。

ところが、消費税を５％にしたことで、消費は20年で１・25倍にしかならない、という程度の成長率に下落した。この成長率を１９９７年基準に当てはめれば、20年後には**「３**

図表 3-8

消費税率毎の(年間・20年間)成長率と、20年後の推計消費と累計消費被害

	年間成長率	20年間成長率	20年後推計消費	(増税による累計消費被害)
消費税10%	0.09%	1.02倍	272兆円	(1753兆円)
消費税8%	0.41%	1.09倍	290兆円	(1574兆円)
消費税5%	1.14%	1.25倍	335兆円	(1121兆円)
消費税3%	2.61%	1.67倍	447兆円	—

35兆円」になる、ということになるのだが、これは、増税していなかったケースを想定した場合の20年後消費水準447兆円よりも、実に**112兆円も消費が減ってしまった**ことを意味している。

ちなみに、こうした消費の減少はもちろん、20年後においていきなり生じたのではなく毎年生じており、徐々にその格差が拡大していったものである。だから、**その20年間の毎年の消費の減少をすべて累計すると、実に「1121兆円」という超巨大な消費被害がわずか2%の消費増税によってもたらされた**と推定されることになる。

少々ややこしく感じられたかもしれないが、いずれにせよ、1997年に消費税が3%から5%に僅か2%増税されただけで、2017年までの20年間累計で**1000兆円以上の超巨大な消費被害が我が国において生じてしまった**、ということなのである。

そしてその累計経済被害は、より大きな増税が行われれば行われるほど巨大化していく。たとえば図表3-8に示したように、**10%増税による（税率3%を基準とした場合の）経済被害は20年間で1753兆円という水準に至る。**

こうした消費の激しい下落が、日本中の官民あわせた投資の縮退を導き、政府支出を抑止し、その結果として、GDPが激しく低迷することとなったのである。そしてその必然的な帰結として、我々の賃金が全く伸びなくなってしまったのである。

つまり、私たち日本国民の多くが今、経済的に苦しい思いをしている根本的な原因は、ウクライナ戦争のせいでも円安のせいでもコロナ不況のせいでも何でもないのである。実際、世界中の人々は、コロナ不況やウクライナ戦争ショック、さらにはリーマンショック等の大不況の中でもしっかりと成長することができ、国民の賃金は上昇し続けてきているのだ。それができていないのは、我が国日本だけなのであり、それは偏に、成長できていないにもかかわらず、経済を決定的に冷え込ませる消費増税を何度も何度も繰り返してきたからなのである。

逆に言うなら、もしも我が国が消費増税をここまで繰り返してこなかったのなら、より正確に言うなら経済状況を見ながら消費税率を調整するような慎重な態度が、我が国政府に僅かなりともあったとすれば、コロナ不況があろうがウクライナ戦争ショックがあろうがリーマンショックがあろうが、日本以外のすべての諸外国のように我が国においてもしっかりとした成長を続けることができ、国民が貧困化によって苛まれるようなことも無かったのである。

そしてだからこそ、筆者とミッチェル教授は、昨年時点で「長期で見た経済の基礎的条件は、依然としてデフレに傾いており、現在は一時的なインフレ要因によって覆い隠されているだけであって、コロナ禍やウクライナ戦争によるサプライチェーンの問題が収まれば、再びデフレ圧力に直面する」と確信していた（というよりより正確に言うならば、そういう状況に我が国日本が措かれていることを「知っていた」）わけである。

ちなみに、このように現下のデフレ圧力の原因が消費増税である以上、そのデフレ圧力を除去し、**賃上げや消費・投資の拡大、そして何より力強い持続的成長を期するには、消費減税を行うべきだという結論を即座に導くことができよう。**この点については後ほど改めて詳しく論ずることとしたい。

❖「インフレ」にはコストプッシュ・インフレとデマンド・プル・インフレの2種類がある

令和5年10月現在、岸田文雄総理は、「物価高対策などの経済対策」を行うと宣言した。一体どういう認識でこれを行っているのかといえば、今、先に述べた、「**給料は上がらないのに、電気代、ガソリン代をはじめとしてあらゆるモノが高騰してしまい、おカネのやりくりが苦しくなった**」という声が国民の間に広がっているからに他ならない。

しかし、現政権には、以上に詳しく論じた、

「我が国に今、長期的なデフレ圧力が潜在し続けている」

という基本認識を的確に持っているとは考え難い状況にある。もしもこの認識が不在であるのなら、彼らの経済対策が成功することは残念ながらあり得ない、ということとなろう。さらに言うと、これまでの岸田政権から聞こえてくる様々な発言を踏まえれば、彼らにおいて、

「適正なインフレ率を維持し続けることのメリット」

を十分に認識しているとも、残念ながら思えない。したがって、彼らに、

「一定のインフレ率が確保できているこの機会を〝チャンス〟に変えて、日本経済を復活させよう」

という発想があるとも考えられない。

もしもこうした筆者の見立てが正当なものであるとすれば、岸田内閣の経済対策の成功する可能性は極めて低い、と考えざるを得ないだろう。

ついてはここでは、岸田内閣の経済政策が成功することを祈念し、現政府が今、なすべき経済政策の概要、ならびに具体策を論ずることとしたい。

まず、的確な経済政策を展開するには、的確な現状認識が必要であるが、そのためにも我々は、そもそもインフレには、以下の2つのインフレがある、ということを認識しておかなければならない。それはすなわち、

「現状の日本のような、資源や食料品の輸入価格や高騰によるいわゆる**コストプッシュ・インフレ**」

と、

「高度成長期やバブルの頃に見られた、国民の賃金の上昇によってもたらされる**デマンド・プル・インフレ**」

の2種類だ。

前者のコストプッシュ・インフレでは、我々消費者が支払ったお金の多くがただ単に海外に流出し、私たちのサイフに「賃金」の形で環流してこない一方、後者のデマンド・プル・インフレでは、我々が支払ったおカネの多くが、我々のサイフに「賃金」の形で再び戻ってくる。だから、インフレはインフレでも、**国民にとっては、賃金が上がらないコストプッシュ・インフレよりも、賃金の引き上げを伴うデマンド・プル・インフレの方が圧倒的に望ましい**のである。

そして**現下のインフレは、前者のコストプッシュ・インフレ**である。そしてその結果、**賃金が上がらないまま物価が上がっていく**、という、いわゆる**「スタグフレーション」**とも呼ばれる経済状況を導いており、そういう状況の中で、実質賃金が下落し続けている。したがってこれこそ、多くの一般の国民が、「インフレのせいで生活が苦しくなっている」と感じている根源的原因なのである。だからこそ、**このコストプッシュ・インフレを、何とかしてデマンド・プル・インフレに転換させ、それを通して実質賃金を引き上げていくことが今、強く求められている**のである。

❖ コストプッシュ・インフレであっても「デフレ」よりはずっと良い(理由1：賃上げ)

ただし、コストプッシュ・インフレをデマンド・プル・インフレへと転換させていく具体的政策を論ずる以前に、そのインフレがデマンド・プル型であろうがコストプッシュ型であろうが、兎に角「インフレ」であるということ自体に、巨大なメリットがある、という点を明らかにしておきたいと思う。

すなわち、**物価が上昇していくインフレは、物価が下落していく「デフレ」に比べる**

と、**実に多くのメリットがある**のである。

そもそも、アベノミクスは２％程度の継続的なインフレ率をターゲットとして、その実現に向けて様々な対策を図るというものであったわけだが、その根底には、「デフレよりも（適度な）インフレの方が圧倒的にメリットが大きい」という認識があったわけだ。

まず第1のメリットは、インフレはデフレよりも、各企業にしてみれば圧倒的に「賃上げしやすい状況」である、というものだ。そしてこのメリットの最も重要な点は、そのインフレが仮に、直接賃金に環流され得るデマンド・プル型でなく**単なるコストプッシュ型であっても生ずる**、という点にある。

そもそもデフレの時代には、賃金を上げるために価格を引き上げようとすれば、マーケットから猛烈な反発を受けることになる。具体的には、少しでもモノの値段を上げれば、他に誰も値上げしている人がいないが故に目立ってしまい、途端に売れなくなってしまうのである。その結果、価格を上げられず、あらゆる企業、あらゆる労働者が低賃金を「辛抱」せざるを得なくなる。

ところがインフレになれば、価格引き上げに対するマーケットからの反発が大いに和らぐことになる。つまりインフレ時代には皆、モノの値段が上がっていくことに慣れてしまい、決して歓迎しているわけではないにしても、大きな反発を差し向けなくなるのである。具体的に言うなら、皆が値段を上げているので、少々値段を上げたところで急激に売れなくなる、ということがなくなるのだ。その結果、インフレ状況では、**あらゆる企業が賃金を上げるために価格を引き上げやすくなる**のである。

かくして、そのインフレの原因が何であれ、それがデフレではなくインフレであるというだけで、あらゆる企業が賃上げを敢行しやすくなるのである。実際、既に図表3－2に示したように、**現下のインフレがコストプッシュ・インフレであるにもかかわらず、**（物価上昇率ほどの勢いまではないとしても）賃金は着実に上昇している。これはインフレによってあらゆる企業が賃上げのための価格引き上げをしやすくなってきたことの1つの帰結なのである。

❖コストプッシュ・インフレであっても「デフレ」よりはずっと良い（理由2：投資拡大）

第2のメリットは、インフレになれば、その原因がデマンド・プルであるかコストプッシュであるかにかかわらず、**それがインフレだというだけの理由で、民間企業の投資は拡**

大していくことになる、というものである。

実際、図表3-9に示したように、投資（図中の実線）は、インフレ率が下げ止まり、上昇し始めた2021年から**急速に拡大**し始め、（2019年10月の消費増税と2020年3月のコロナ上陸によって）低迷していた頃の85兆円程度という水準から実に**15兆円も拡大し、今や100兆円近くの水準にまで至っている**ことが分かる。

繰り返すが、このインフレはコストプッシュ・インフレであり、消費者が物価高騰のために余分に支払ったおカネは基本的にすべて海外に流出しているのであり、必ずしも国内の企業に回ってくるおカネを増やしているわけではない。それにもかかわらず、インフレになって物価が高騰してくれば、投資は増えていくのである。

これは次の理由による。

たくさんのおカネを手元に持っている人を考えてみよう。この人は、今おカネを使うことも、貯金をしておいて将来使うこともできる。この「**手元のおカネを、いつ使うか**」という意志決定において、デフレの場合なら、「今じゃなくて、将来に使うようにしよう」と判断する人が多くなる。なぜなら、デフレの場合、モノの値段はどんどん下がっていくわけで、今買うよりも将来買った方がより多くのモノが買えるようになるからだ。

図表 3-9

投資(名目)およびインフレ率の推移

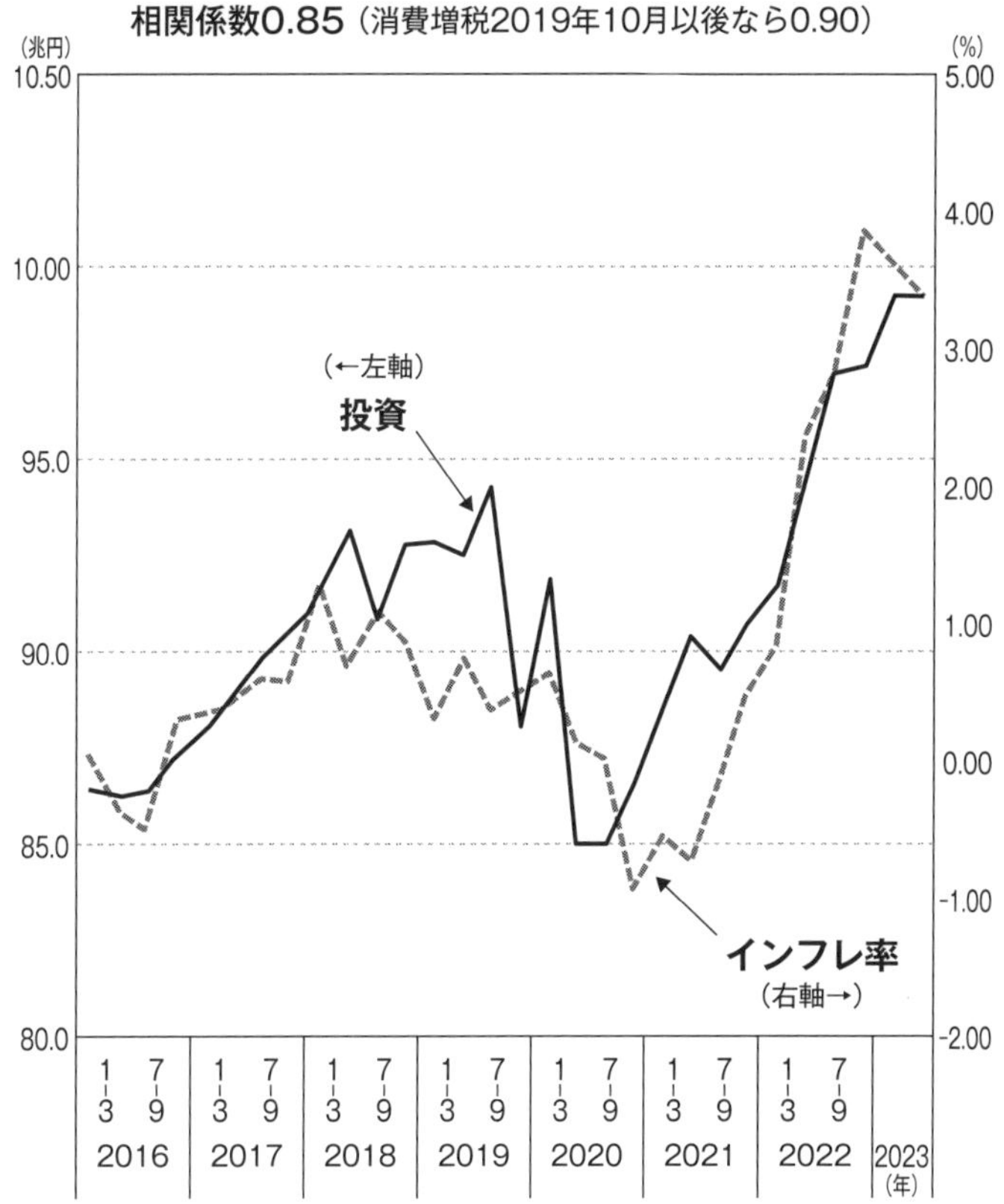

投資出典：内閣府名目季節調整系列
物価上昇率出典：2020年基準消費者物価指数　第1-1表　中分類指数(全国)総合月次より作成

デフレというのは「モノの値段が下がっていく現象」だが、それは逆に言うなら、「おカネの価値が上がっていく現象」とも言えるのであり、手元にあるおカネは、長く持っていれば持っているほど、ただそれだけのことで価値が高くなっていく。だから結局、デフレの時には皆、手元にあるおカネを使って投資をしなくなっていくのである（もちろん、借りてまで投資しようとする人はもっと少なくなる）。

ところが、インフレの場合、モノの値段はどんどん上がっていくわけだから、「将来使うより、とっとと早く買ってしまった方が、より多くのモノが買える」ということになる。インフレはデフレと逆で「モノの値段が上がっていく現象」である以上「おカネの価値が下がっていく現象」なのだから、手元のおカネの価値は時間が経てば経つほどどんどん小さなものになっていってしまう。だから、いち早く使ってしまった方が「**合理的**」なのである。その結果、インフレの状況では、その原因が何であれ、手元のおカネを使って積極的に投資するようになるのである。

実際、図表3-9は、インフレ率が上がれば投資は拡大し、インフレ率が下がれば投資は縮小する、という傾向が明確に存在していることを示している。両者の統計学的関連性を、相関分析という統計学的方法で分析したところ、両者の相関係数が「0・85」となった。この相関係数とは、両者の関係が無関係の場合は「0」、完全に相関している場合は「1」となる尺度で、「1」に近ければ近いほど両者の関連が強いと判定されることとなるのだが、その値が**「0・85」と1に非常に近い水準**だったわけである。これは、**インフレ率と投資との間に極めて強い統計学的関連がある**ことを意味している（ちなみに、投資はインフレ率のみに影響を受けるだけでなく、消費税率にも影響を受けることから、その影響を排除するために2019年の消費増税以後に絞って相関係数を求めると、0・90というさらに強い関連性があることが示された。なお、実質投資とインフレ率の相関は0・45、増税以後では0・56であり、双方とも5％で統計学的に正で有意な水準であった）。

つまり、日本経済、そして産業の発展にとって要となる民間の投資は、仮にそのインフレがコストプッシュ型であったとしても、インフレになりさえすれば着実に拡大することになるのである。これはインフレの巨大なメリットの1つである。

❖ コストプッシュ・インフレであっても「デフレ」よりはずっと良い（理由3：名目成長）

そして第3のメリットは、インフレになれば名目GDPが拡大する、というものである。

そもそもインフレになれば、あらゆる取引の名目上の「取引金額」がすべて拡大していくことになる。そして、GDPとは定義上、取引金額の総計値であることから、必然的にインフレになれば名目GDPは拡大する。

もちろん、モノの値段が高くなる一方、各家計や企業が消費や投資に対して用いる所得が一定だとすれば、「購入できる個数」が減少することにはなるが、名目上の投資や消費の金額そのものが拡大することはない。しかし、既に図表3-9に示したように、インフレになれば名目上の投資額は拡大している。これは既に解説したように、インフレに投資そのものを誘発する効果があるためである。これと同様に、消費に関しても、投資と同様インフレ率に強く連動して増減している（両者の相関係数は2016年以降で0・79、消費増税が行われた2019年10月以降では0・86と非常に高い水準であった。なお、実質消費とインフレ率との相関は0・18、増税以後では0・44であり、後者においては10％で統計学的に正で有意な水準であった）。これは、インフレになれば消費者は出費を増やして対応していることを示している。この背景には、投資の時に指摘したように、インフレになれば貯蓄するよりも出費する方が合理的となるという傾向がある。

図表 3-10

内需GDPとインフレ率

（内需 GDP ＝ GDP － 純輸出）

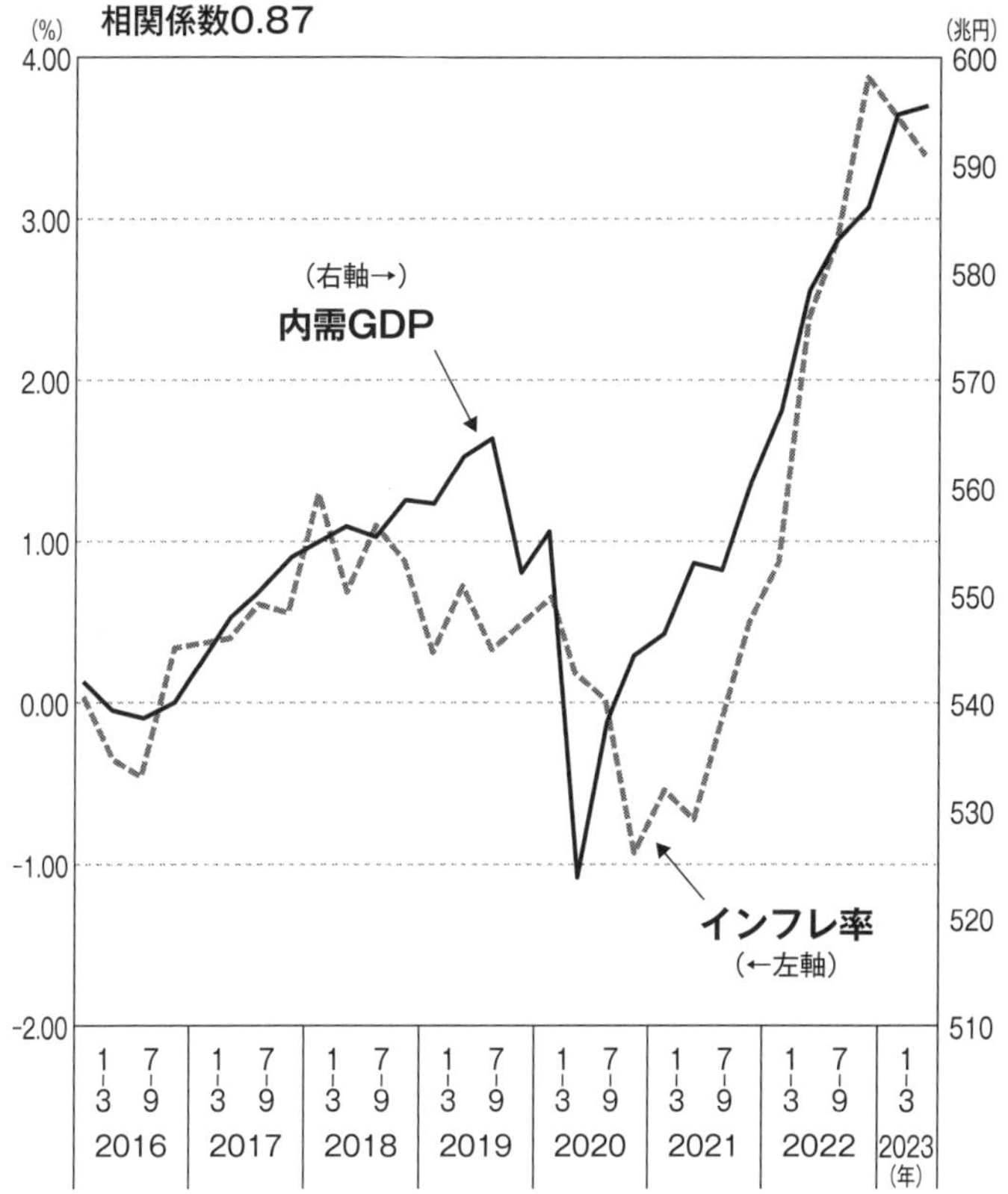

GDP出典：内閣府名目季節調整系列
物価上昇率出典：2020年基準消費者物価指数　第1-1表　中分類指数（全国）総合月次より作成

したがって、インフレになれば消費、投資が拡大することになるわけで、かつ、消費と投資は、日本経済のおおよそ4分の3を占めていることから、「内需」のGDPが、（それがコストプッシュ型であったとしても）インフレによって拡大していくことになる。

事実、図表3－10に示したように、内需GDP（GDPから純輸出を差し引いたもの）とインフレ率は、投資や消費と同様に、非常に強い統計学的な相関関係がある。両者の相関係数は0・87というやはり非常に強い関係が確認された（なお、実質内需GDPとインフレ率との相関は0・63、増税以後でも0・63であり、双方とも1％で統計学的に正で有意な水準であった）。

このことはつまり、理由は何であれ、**インフレにさえなれば、インフレになったということが「原因」で名目GDPが拡大し、名目成長が実現していく**、ということを意味しているのである（ただしもちろん、インフレ率よりも名目成長率が低ければ、実質値は拡大することはないが、それでもなお、名目成長がもたらされるだけでも、名目ですら成長できないデフレよりはずっと望ましい）。

❖ コストプッシュ・インフレであっても「デフレ」よりはずっと良い（理由4：購買力拡大）

第4のメリットは、インフレになれば、日本の海外のモノを購入する「購買力」が拡大し、欲しいものが自由に買える「カネ持ち国家」になっていく、というものだ。

まず、日本は石油や天然ガスなどの多くの資源についてほぼ100％海外からの輸入に頼っている。食料についてもカロリーベースで言えば6割以上を輸入に頼っているし、最近は高級ブランドの洋服や装飾品のみならず、iPhone等の機器についても海外からの輸入に頼るようになってきている。デフレが続けば、そうした輸入するために支払うおカネが、相対的にどんどん「高く」なっていく一方、インフレが続けば、同じ物をどんどん「安く」手に入れることが可能となっていく。

たとえば、アップル社の最新のiPhoneは、たかだか携帯電話1つであるにもかかわらず今やもう18万9000円と、大卒初任給を上回る水準になっている。一方で、国産のスマートフォンは平均的なものなら5万円前後で手に入れることができる。しかももしも国内のこうしたデフレが今後もずっと続けば、諸外国はインフレなのだから（2022年のインフレ率の世界平均は実に13%)、10年後、20年後には、外国人なら簡単に買うことができるiPhoneが、日本国内でなら40万円や60万円といった余程のカネ持ちでなければ買えないというような超高級品となっていくことは必至だ。一方で、インフレさえ続けば、日本人も外国人と同様に、「普通の所得」の人でもiPhoneを余裕で買い続けることができる。

石油や食料品についても同様のことが言え、このままデフレが続けば、庶民、ならびに一般の日本企業にとってはガソリンや電気を使う家電、輸入食品はいずれも「贅沢品」となってしまい、その結果、今よりもずっと物質的に貧しい暮らしや事業展開を強いられることとなる。一方で、インフレであれば、それとは逆に、海外の様々なものを自由に買うことができる「購買力」を増進していくことが可能となるのである。

つまり、デフレが続けば、海外のモノが自由に買えない「貧困国家」へと転落していく一方で、インフレが続けば海外のモノを自由に買える強い購買力を持った「カネ持ち国家」になっていくことができるのである。

❖ コストプッシュ・インフレであっても「デフレ」よりはずっと良い(理由5:外交力&国際競争力の拡大)

最後に、第5のメリットは、インフレによって名目GDPが拡大することで世界経済に占める日本経済が占めるシェア（すなわち、世界中の人々の全所得に占める日本人の所得が占めるシェア）**が拡大すると同時に、購買力が拡大することを通して、日本企業の国際競争力や日本国家の外交力が拡大する**というものである。

まず、企業の視点から言えば、インフレによって購買力が拡大すれば、海外にある欲しいもの、必要なものをより容易く購入できるようになる。その結果、日本企業の国際競争力が拡大する。しかも、日本企業にとって海外市場よりも圧倒的に「アクセス」しやすい日本市場の世界シェアが「拡大」していけば、より容易く安定的な収益を拡大させていくことが可能となり、それがまた、日本企業の国際競争力を向上させることになる。

一方、政府の視点から言えば、日本全体の購買力が大きければ、それはそれだけで大きな**「外交カード」**となる。外国政府が「日本はいろいろ買ってもらえるから／寄附してもらえるから、いろいろと配慮しなければならない」と考える傾向が強くなるからである。

このように、**仮に、そのインフレがコストプッシュ型であったとしても、インフレであるということが原因で賃金、消費、投資、そしてGDPが拡大し、日本国民の購買力、日本企業の国際競争力、日本政府の外交力のすべてが拡大していくのである。**

つまり、世間には、「インフレというモノは悪いモノだ」という空気が蔓延しているものの、それは極めて近視眼的で一面的な認識であって、マクロに考えれば、インフレというものは凄まじく重大なメリットを持っているのである。

これは裏を返せば、インフレの逆、つまり「デフレ」というものがどれだけ恐ろしい被害を与え続けているのかということを（背理法的に）証明していると言うこともできよう。

❖ 現下のインフレを、コストプッシュ型からデマンド・プル型へと移行させるべし

以上の議論は、仮にそのインフレがコストプッシュ型であったとしても、デフレよりは圧倒的に「マシ」であることを示すものであった。

しかし、同じインフレでも、コストプッシュ・インフレよりもデマンド・プル・インフレの方が望ましいことは既に指摘した通りだ。

つまり、日本経済の健全性・望ましさには、次のような関係があるのである。

デフレ　＜　コストプッシュ・インフレ　＜　デマンド・プル・インフレ

コストプッシュ・インフレの場合は、消費者が支払う「物価上昇分」のおカネが「賃

金」や「企業収益」に回ることなく、すべて「コスト」の支払いに「消えてしまう」ことになる。たとえば現下の日本では、資源や食料などを日本に輸出している外国に、そのおカネが流出してしまうことになる。

一方で、デマンド・プル・インフレの場合には、消費者が支払う物価上昇分のおカネが「賃金」や「企業収益」に回ることになり、かつ、その賃上げ・企業収益増がさらなる需要（デマンド）を産み出し、それによって物価がさらに上昇し、その物価上昇分のおカネが、さらに「賃金」や「企業収益」に回る……という好循環を産み出すのである。

したがって、コストプッシュ・インフレよりもデマンド・プル・インフレの方が、賃金がより勢い良く上昇していくことになる。それ故、コストプッシュ・インフレは賃上げ率よりインフレ率の方が高く、結果的に「実質賃金」が伸びない一方、デマンド・プル・インフレでは賃上げ率がより高く、インフレ率を上回って上昇していくことになる（厳密に言うなら、実質賃金が上昇していく可能性がデマンド・プル・インフレにおいて圧倒的に高くなる）。

したがってコストプッシュ・インフレよりもデマンド・プル・インフレの方が、日本国民にとってより望ましい経済成長をもたらすのである。

だから、岸田政権が今、なすべき経済政策は、コストプッシュ・インフレ状況にある我が国の経済状況を、デマンド・プル・インフレ状況に転換させ、賃上げ率をインフレ率以上に引き上げ、「実質賃金」が上昇し、安定的に経済成長していく状況を作り上げることなのである。

◈今、「利上げ」金融政策を行うことは最低の愚策である

ところで、岸田政権では、日銀総裁が徹底的な金融緩和を行っていた黒田東彦氏から、一定の金融引き締めを許容しかねない植田和男氏へと交代した。

植田氏は今、一応は「金融緩和を継続する」という態度を示してはいるが、就任以後、一部金利引き上げを許容する金融政策を展開している。

こうした植田氏の金融政策の背景には、世間一般における次のような「声」がある。

(1) 現下のインフレは望ましくなく、多くの国民が苦しんでいる。このインフレを抑止することが必要である。

（2）現在インフレが進んでいるのは、円安が進行しているからである。
（3）円安になっているのは、諸外国の中央銀行が「金融引き締め」を行っている一方で、日本だけが「金融緩和」を行っていることが重大な原因となっている。
（4）したがって、円安を緩和し、インフレを緩和するためには、金融緩和を徐々に終了させていく必要がある（ただし、金融緩和を急激に終わらせてしまうと、投資を縮退させる逆効果もあるので、バランスを見ながら徐々に終了させていくことが必要である）。

しかし残念ながらこうした認識は完全に誤りだ。

この論理の前提は「インフレを緩和する必要がある」という認識だが、これが完全に間違っているのである。既に詳しく論じたように、少なくとも現時点の日本ではインフレは（それがマイルドな水準である限りにおいて）「継続」させることが必要なのであって、必要なのは、コストプッシュ型からデマンド・プル型へ移行させ、インフレ率以上の賃上げ率を実現させることなのだ、ということが理解されていないからである。

こうした論理に基づく**金融引き締め路線の行き着く先は、**「第一段階：デフレ　→　第二段階：コストプッシュ・インフレ　→　第三段階：デマンド・プル・インフレ」の段階において折角、ラッキーにも第一段階から第二段階にまで進行したデフレ脱却プロセスが、第一段階のデフレ状況に舞い戻る、という最悪の帰結をもたらすだけだからである。

したがって現政権は今、日銀が勝手に目先のインフレを抑止するための「利上げ」を進めることがないように、しっかりと監視していくことが求められているのである。

❖ インフレをコストプッシュ型からデマンド・プル型へと移行する「財政政策」

では、どうすれば現下の日本経済においてデマンド・プル型のインフレが実現できるようになるのかを、解説することとしよう。

そもそも「コストプッシュ・インフレ」というのは、「コスト」が増え、民間（家計、**および企業）の支払いが上昇するインフレ**だ。

一方で、「デマンド・プル・インフレ」というのは、民間（家計および企業）の支払いの**上昇分がそのまま、民間**（家計および企業）**の所得に反映していくタイプのインフレ**だ（厳密に言うなら、民間の支払いの拡大によって価格が上昇し、それを通して民間の所得が拡大していく、というタイプのインフレだ。つまり、支出の拡大 → 価格の上昇 → 所得の拡大、という循環の中で生ずるのがデマンド・プル・インフレである)。

これを図式的に書くと、次のようになる。

A:コストプッシュ・インフレ　「民間支出」拡大分が、「コスト増」に吸収される

B:デマンド・プル・インフレ　「民間支出」拡大分が、「民間所得」を拡大させる

つまり、今、日本政府がなすべきことは「A」の状況から「B」の状況へと移行させる取組を進めることなのである。

そのために必要なのは、以下の取組だ。

たとえば、**日本のマーケット全体で、石油やガス、食料品等の輸入価格が、「10兆円拡大している場合」**を(あくまでも思考実験のための一例として)考えてみよう。

この場合、言うまでも無く、民間(家計および企業)の出費(消費や投資)は10兆円増えることになる。この状況のままでは、民間が10兆円出費を増やしているにも関わらず、その10兆円はすべて海外に流出し、国民の所得は全く増えない。そこで、政府が次の2種類の**「財政政策」**を行うことが必要となる。

第1に求められる財政政策は、国債を発行することを通して10兆円を用立て、**これを使**

って、**民間が現状負担している10兆円の海外への支出拡大分をすべて、政府が負担してやる**、という取組だ。

具体的な方法として、一番分かりやすいのは、

（Ⅰ-1）石油やガス、食料品等の輸入品を一旦すべて政府が購入し、これを民間に（インフレになる前の）**安い価格で払い下げる**

という取組だ。この取組は、「小麦」に関して実際に政府が行っている。

一方、石油やガスについてはこれを行っていないが、ガソリンについては、ガソリンを仕入れている。

（Ⅰ-2）輸入品関連企業への補助金

を支給することを通して、「価格を引き下げる」という取組を行っている。電気代についても一部、

（Ⅰ-3）家計に補助金

を直接支給することで、実質的な価格引き下げを実現しようとしている。

あるいは、以上よりももっとシンプルな方法は、

（Ⅰ-4）減税

を行うことである。

そもそも「**コスト**」というのは、「**海外への流出分**」と「**政府への流出分**」（消費税・ガソリン税・入湯税等の税金）**の2つしかない。それ以外の出費はすべて、日本人の誰かの所得になるため、日本経済全体から見ればコストにはならない。**

したがって、海外への10兆円の資金流出によってコストが増えている場合、最も手っ取り早いコスト縮減方法は、**ガソリン税や消費税等の10兆円分の減税**を行うことなのである。こうすれば結局、差し引きで考えれば、政府が海外流出分を肩代わりしてやったこととなる、という次第である。

なお、輸入価格の上昇によるコスト増の引き上げは、各輸入品目についての、

（I-5）自給率の向上（**輸入依存率の提言**）

によってももたらされることになる。食料品や資源、エネルギー、電力等の自給率が低い各品目については、農業振興や風力発電・水力発電の拡大を通して、自給率の引き上げを目指すことが、長期的には極めて効果的なアプローチとなる。

❈デマンド・プル・インフレを惹起する内需拡大策

ただし、このオペレーションを行うだけだと、民間の支出が10兆円減少するだけに終わる。結果、コストプッシュ・インフレが消去され、結局、**デフレ経済に逆戻りになる、というだけに終わる。**

したがって、政府はこの第1のオペレーションに加えて、**「デマンド・プル・インフレ」を惹起する内需拡大策を行うことが必要となる。これが、第2のオペレーション**となる。

具体的には、

（Ⅱ-1）消費減税

が最も典型的な対策となる。現状10％の消費税を、たとえば0％にすれば、すべての**消費に対して政府が直接、その10％分の「補助金」を支給していることと同じ**になる。したがって、消費減税を行えば、消費が活性化し、賃金上昇が確実にもたらされることになる。

ちなみに、**消費減税は、**「海外流出によるコスト増分を、政府が肩代わりする」という、第1の政府オペレーションとしても機能することから、**極めて効率的に当該インフレをコ**

ストプッシュ型からデマンド・プル型へと転換できることとなる。したがって、**本来的には岸田内閣は今、この消費減税を行うことが何よりも求められている**、ということができる。

ただし現状の日本では、消費減税は財務省や与党内での反発が強く、恒久的に実現することは現実的に困難な状況となっているが、**デマンド・プル型への移行が完了するまでの間の「期間限定の消費減税」を行うというだけでも、デマンド・プル・インフレを考えるうえで極めて大きな効果を持つ**ものである。あるいは、「軽減税率」の仕組みを活用して、その対象を食料品だけでなく、資源、エネルギー等のコストに関わるものを含めて大幅に拡大すると同時に、その軽減率を現状の3%から5%、あるいは8%や10%へと大幅に拡大するという方法もある。もちろんそうした取組を期間限定で行うということも考えられる。いずれにしても、こうした消費減税は、現状のコストプッシュ・インフレ対策として文字通りの「最善の策」であることが理論的に明らかである以上、是非とも与党内、あるいは、国会内で実現いただきたいと思う。

その他、デマンド・プル・インフレを実現するにあたって最も直接的な方法として挙げられるのが、**「賃上げ」**をもたらす諸対策を行うことである。国民の賃金が拡大すれば、消費・投資が拡大し、自ずとデマンド・プル型のインフレが生じていくこととなる。

そのために、最も直接的な方法として、

（Ⅱ-2）公務員給与引き上げ

（Ⅱ-3）公定価格・公定賃金引き上げ（建設、運輸、教育等）

（Ⅱ-4）賃上げ補助金の支給（賃上げ減税）

等が挙げられる。すなわち、直接的に国民の賃金が拡大していくことを企図して、十分な財源を（国債等を通して）用立てた上で、公務員の給料を引き上げ、各種の公定価格・賃金を引き上げると同時に、各業界の賃上げのための直接的な給付金支給や減税を実行していくわけである。

また、主として政府支出の拡大を通して、「内需」を拡大し、文字通りの「デマンド・プル」状況を実現させ、それを通して「賃上げ」を図っていく、という以下のような方法もオーソドックスな方法である。

（Ⅱ-5）政府投資拡大（インフラ、科学技術、医療、研究開発、教育、防衛、等）

また、過度な競争が価格を引き下げ、賃金引き下げの強力な圧力をかけていることを鑑み、

（Ⅱ-6）各市場における「過当競争」を抑止するための保護主義施策も重要な対策となる。

❖消費減税こそ、最も効果的なデマンド・プル・インフレ実現策

なお、以上の賃上げを実現するための（Ⅱ）の賃上げ内需拡大策の「総額」は、実現したいインフレ率に応じて検討することが必要である。たとえば、２％のインフレ率を実現させるには、少なくとも3～4％程度以上の名目成長を実現させることが必要であり、したがって、**15～20兆円程度の予算総額が、最低でも必要**となる。

なお、民間が負担している、資源、エネルギー、食料についての輸入コスト増を政府が負担するためにもまた、上記とは別に政府負担が必要である。それについては、政府がどれだけ肩代わりすべきなのかを粛々と推計し、その金額に応じた支出増や減税を図ることが必要である。

また、既に上述したように、コストプッシュ・インフレからデマンド・プル・インフレに**転換するにあたって、最も効果的な対策が「消費減税」**である。消費税を、実質賃金と

実質ＧＤＰがしっかりとした成長が確認できるまでの間の**期間限定**で、たとえば**「5％に減税」すれば、おおよそ「年間12兆円分の民間の支払いコストの縮減」が果たされるとともに「年間12兆円分の消費拡大補助金の支給」という超効果的な内需拡大策が同時に実現される**こととなる。しかも、その執行は、ただ単に現状の消費税率を引き下げるだけであるが故に、極めて円滑に進めることができる。岸田内閣が真に日本経済の「復活」を目指しているのなら、消費減税を行わない理由など、何１つないはずである。

◈ インフレ対策は「デマンド・プル型」か「コストプッシュ型」かで正反対となる

ところで、ミッチェル教授や当方を含めた実に多くの経済学者、エコノミストたちは、これまで、

「デフレからの脱却のためには、積極財政が必要だが、それが成功してインフレになれば、緊縮財政が必要となる」

と主張してきた。筆者は今でも勿論、この主張が正当であると考えている。

しかし、今、こうした言説を踏まえて、既に一定のインフレ状況になったのだから、積

極財政は不要であり、むしろ支出を削る緊縮が必要なのではないか、と主張する声がしばしば耳に入ってくるのが実情だ。

しかし、そうした主張は間違いだ。筆者らが「緊縮財政が必要だ」と述べたのはあくまでも、「積極財政が成功してデフレからインフレになれば」という条件が成立した場合にかぎっての話である。

その場合のインフレはもちろん「積極財政が成功して実現している」のであるから当然「デマンド・プル・インフレ」を想定していたわけである。したがって、この言説におけるインフレとは、現下の日本で生じている「コストプッシュ・インフレ」とは全く別のインフレだったのである。

そして、このコストプッシュ・インフレ対策には、詳しく上述したように、

（Ⅰ）**コストを引き下げるための、財政政策**

（Ⅱ）**内需を拡大し、賃金を引き上げ、実質成長を導くための、財政政策**

の2種類が必要なのである。

これこそ、本章のタイトル**「インフレ時代の財政論」**なのである。

すなわち、インフレ時代においては、そのインフレがデマンド・プル型なのかコストプ

ッシュ型なのかを見極め、その判断に基づいて積極財政と緊縮財政を適切に選択していくことが必要なのである（厳密に言うなら、そのインフレの原因において両者の比率を見極めつつ、適切な対策を検討する態度が必要である）。

ちなみに、財政政策のみならず、金融政策についても、そのインフレがデマンド・プル型なのかコストプッシュ型なのかによって、その基本方針を変えていくことが必要である。デマンド・プル型のインフレであるならば、オーソドックスな教科書に書いてある通り、一定程度の金融引き締めが一定の効果を持つ可能性があるが（ただしそれはもちろん、あくまでも可能性にしかすぎないのであり、ミッチェル教授が指摘しているように金融引き締めの効果は多面的なものとなるため、トータルとしてどういう有効性があるのかは不確定である）、コストプッシュ型のインフレであるならば、そうした金融引き締めは一切有効性を持たないのであり、本質的なデフレ状況が潜在しているかぎり、これまでの日本のように金融緩和を継続させることが必要不可欠となっているのである。

すなわちただ単に「インフレなのだから財政も金融も引き締めればいいのだ」等と単細胞的に考えてしまうのは文字通りの「愚の骨頂」にすぎないのである。そのような態度では、経済がさらに激しく疲弊していくことは、とりわけそれがコストプッシュ型である場合においては「必定」なのである。

しかし、日本のみならず、世界中の政府が誤った経済常識に基づいて政策運営を図るリスクを持っている。言うまでもなく日本は、これまでの「失われた20年」のマクロ経済政策の誤りの歴史を踏まえれば、そうしたリスクを最も強烈に抱えた国家であるといって差し支えない。ついては、ミッチェル教授と当方が本書で論じた、現実経済を見据えたプラグマティック（実学的）な理論的考察と提案が、日本を含めた世界各国の、1人でも多くの政府関係者の耳に届くことを心から祈念したい。

第4章

現代貨幣理論入門

ウィリアム・ミッチェル

（本論文は2022年11月5日に京都大学で発表されたものです）

❖現代貨幣理論（ＭＭＴ）の登場の経緯

世界金融危機とその十数年後の新型コロナウイルスの大流行によって、新自由主義的経済学とそれを根拠とする経済政策が持続不可能であることが明らかになりました。

過去数十年間、ほとんどの先進国の政府は緊縮財政を重んじ、家計の債務拡大に依存して経済成長を維持してきました。政府はまた、金融市場は合理的に行動し、投資資金は適切に配分されるとする「効率的市場」の原理を唱え、金融市場の監視が甘かったために民間債務の急増を止められなかったことを正当化しました。また、ニューケインジアン的なマクロ経済学が支配的であったために、経済が不安定化したことの責任を金融政策のみに負わせました。実際には、金融政策は経済の安定化に対して効果を発揮しないにもかかわらずです。

世界金融危機以前、主流派の経済学者が使っていた主要な経済モデルには、金融部門すら含まれていませんでした。経済学をめぐる論争には否定と傲慢が蔓延っていたのです。

世界金融危機はそうしたアプローチの愚かさを明らかにし、世界中の政策立案者は経済を安定させるために非常にプラグマティック（実用的）なアプローチを採用することとなりました。

この危機から私たちが学んだのは、政府部門以外の支出が減退する中で経済全体を支えるためには、財政政策が非常に効果的だということです。これは、世界金融危機以前には経済学者たちが否定し続けてきた事実でもあります。また、巨額の財政赤字が金利を押し上げることはなく、中央銀行が政府の一部門として機能することで、国債の利回りをコントロールしようと思えば常にできることも学びました。

この間、ニューケインジアン(注1)の主要な理論が誤りであることが明らかになりました。2008年11月、ロンドン・スクール・オブ・エコノミクスを訪問した英国のエリザベス女王が、「これほど大きな危機が起こるかもしれないことを、なぜ誰も予見できなかったのですか?」と問いかけたほどです。

経済学の主流派が差し迫った危機のシグナルに気づかなかったのは、社会心理学者が「集団思考（Groupthink）」と呼ぶ現象が顕著になっていたからです。

これは、中心的な理論がもはや現実を適切に説明できない場合でも、変化に抵抗しようとする集団行動のパターンを指します。集団思考のもとでは新しい知識は無視され、既存の施策・政策が誤った前提に基づいていたとしても、また決して目的に適うものではないとしても維持されます。

このような例はいくらでもあります。一般的にパラダイムの転換が起こるのは、既存の政策が誤りであることを示す証拠が積み重なり、説得力を持つようになってからです。

この時期の経済学に見られた不協和音は、主流派経済学の信念体系に異議を唱える現代貨幣理論（ＭＭＴ）の登場を促しました。ＭＭＴの起源は１９９０年代にまで遡りますが、その考え方が公的な議論の俎上に載り始めたのは世界金融危機が起こってからです。というのも、その時期から主流派経済学の議論の貧困さに直面し、新たな考え方を求める人々が増えたからです。

ＭＭＴは制度的・経済的事実とより密接に関わっています。１９９０年代に活躍した初期のＭＭＴ派の経済学者たちは、金融市場の規制緩和と家計負債の増加に依存した経済成長は持続不可能であり、世界的危機を引き起こすと警告していました。

さらに、１９９０年代初頭に日本で大規模な不動産バブルが崩壊したことは、主流派経済学者たちが自分たちの主張する政策の結果を予測できなかったことを示す証拠として十分なものでした。

本稿では、MMTの基本的な概念を紹介し、現代の不換紙幣システムがどのように機能しているか理解するうえで、MMTの考え方が役に立つことを示したいと思います。MMTはまた、通貨発行主体としての政府の能力や、その能力を発揮することで起こる結果、そして（ユーロ加盟国のように）国家がその能力を放棄した場合に生じる問題を理解するための適切な枠組みを提供します。

❖通貨制度の進化

1971年8月、通貨制度のあり方を変え、公的支出や債務に関するマクロ経済学の教科書的知識を形骸化させる歴史的大事件が起こりました。第二次世界大戦後の通貨の安定を達成するために1946年に構築された国際通貨制度（固定相場制、ブレトン・ウッズ体制）は、1971年8月、ニクソン大統領が米ドルの金兌換を放棄したことで、事実上崩壊したのです。

ブレトン・ウッズ体制のもとでは、中央銀行は他国通貨との為替レートを一定に維持する責任を負っていたため、自国通貨の流通量を厳格に管理しなければなりませんでした。

ある通貨が外国為替市場で供給過剰になった場合、発行元の中央銀行は外貨準備でその通貨を購入し、国内金利を引き上げて外国からの投資（およびその通貨に対する需要）を呼び込み、通貨の下落圧力を抑えなければならなかったのです。

問題は、マネーサプライの縮小と金利の上昇によって失業率が上昇することであり、また失業率を下げるために拡張的な財政政策を行いすぎると、通貨の安定を維持しようとする中央銀行の努力が損なわれてしまうことでした。そのため、金準備を増やさないのであれば、（通貨を注入する）政府支出の増加に対して（通貨を流出させる）課税を一致させなければなりません。政府の支出が税収を上回れば、国債を発行しなければならなくなり、さらなる通貨の流出を招きます。

しかし、ブレトン・ウッズ体制が崩壊し、ほとんどの国で不換紙幣制度が登場したことで、通貨発行国が得られる機会は劇的に変化しました。

まず、すべての通貨が最終的に米ドルの保有を通じて金と交換できたブレトン・ウッズ体制下とは異なり、国家が発行する通貨は本質的な価値を持たなくなりました。「無価値」な通貨を使った交換（物の売買）が人々の間で受け入れられるためには、何らかの動機付けが必要になります。その動機とはつまり、政府がその通貨で納税義務を課すことです。

第2に、中央銀行が為替レートを維持する義務から解放されたため、政府支出を課税や借入金で相殺しなければならないというブレトン・ウッズ体制下の制約がなくなりました。言い換えれば、自国の不換紙幣を発行する政府は、支出に関して財政的な制約を受けなくなったということです。そのような政府は遊休労働力を含め、その通貨で販売されているあらゆる財やサービスを購入することができるようになりました。

政府支出に対する唯一の意味ある制約は、すべての生産的資源が完全に使用された時に到達する「インフレの上限」です。これは劇的な変化でした。このような、政府が「資金を使い果たす」可能性があるという考え方は、通用しなくなったのです。

これらの変化はMMTの議論の入り口となりました。政府支出に対する財政的制約や「政府予算制約」について分析する考え方から、利用可能な生産資源および最終財・サービスの観点から定義される**実物資源の制約**に焦点を当てる考え方へのシフトを可能にしたのです。これは劇的な発想の転換です。

第3に、政府は自国通貨を発行しているため、論理的にはもはや国債を発行する必要はなくなりました。国債発行の継続は、財政的な必要性よりもむしろイデオロギー的な慣行となったのです。

このような変化を振り返ると、政治は「その費用をどうやって支払うのか？」という長年の疑問から解放されたことが分かります。政府支出に対するこうした疑問がいまだに持たれ続けているのは、財政的な制約が現実にあるからではなく、国民がこのような歴史的な変化について無知であるためです。

政府支出と税制に関する国民的議論の焦点となるべき問題は、公的支出と生産資源の利用可能性から我々はどのような成果を望めるのかということです。

現代の不換紙幣システムに関するこうした洞察は、主流派のマクロ経済学では無視されており、そのために財政赤字や債務に関する彼らの分析は無意味なものとなっています。主流派の分析は、不換紙幣システムの現実や仕組みに根拠を置くのではなく、純粋に財政的制約や財政比率（「赤字が大きすぎること」）に焦点を当てているのです。

❖ ＭＭＴとは何か？

よくある誤解は、ＭＭＴはある種の政治体制や一連の政策であるという考え方です。むしろ、ＭＭＴは通貨制度と通貨発行権を持つ政府の能力をよりよく理解するためのレンズとして理解されるべきです。不換紙幣制度の現実と理論を結びつけることで、政策の結果を評価するための、より首尾一貫した枠組みを提供できるようになります。

ＭＭＴのレンズを通じて現実の資源制約に焦点を移すことで、「予算」や「財政制約」という言葉で表現されるほとんどの選択が、実際には単なる政治的選択であることが理解できます。

主流派経済学は政府を所得制約のある家計にたとえますが、この比喩は誤りであることが示されます。通貨を発行する政府が、仕事を求めているすべての遊休労働力（失業者）を含め、自国通貨で売られているものなら何でも購入できるのであれば、大量失業は「自然な」もので（注2）も構造的に内在するものでもなく、政治的な選択であることが理解できるはずです。

また、ＭＭＴを一連の政策として語ることにも意味はありません。ＭＭＴは政府の通貨発行能力から生まれる政策の選択肢を理解するための枠組みではありますが、具体的な政策決定は政府のイデオロギー（価値観）や直面している政治的現実に左右されるからです。その意味で、ＭＭＴは政治的には不可知論的であると言えます。ＭＭＴは「その費用をどうやって支払うか」という強迫観念から我々を解放し、その政策が「何を達成するのか」

「利用可能な資源を最大限に活用するものなのか」ということへと考えをシフトさせる点で、政策決定に関わってくるのです。

政府支出の制約を理解する

ＭＭＴ派の経済学者が、通貨発行権を持つ政府はその支出に財政的な制約がないと指摘するのは、政府が好きな時に自国通貨で売られているものを何でも買うことができるという事実を強調しているにすぎません。この洞察は、政府支出にはどのような制約があるのかという疑問につながります。

この問いに答えるために、（a）国家は能力をフルに発揮しているか、（b）国家が通貨主権を持っているか、という2つの次元を持つ2×2のマトリックス（図表4－1）を考えてみましょう。図表4－1には4つの可能性が描かれており、政府が財政的政策介入を設計する際に直面する様々な制約を描写しています。

主権通貨国とは、自国通貨を発行し、外国為替市場に流通させ、外貨での借り入れを行わず、自国の金利を設定できる国家のことです。アメリカ、オーストラリア、日本、イギ

図表 4-1

政府支出の制約

		国家は能力をフルに発揮しているか？	
		はい	いいえ
国家が通貨主権を持っているか？	はい	1. 実物資源	2. なし
	いいえ	3. 実物資源と財政	4. 財政

リス、その他多くの国がこのカテゴリーに入ります。

逆に、ユーロを使用する20の加盟国は、自国が使用する通貨を発行していないため、主権通貨国ではありません。さらに、ある国が能力をフルに発揮している場合、利用可能な生産資源はすべて利用されており、市場メカニズムを通じて価格を調整することでしか再配分はできません。

ケース1（Yes-Yes）では、主権通貨政府が完全雇用を達成している状態であり、政府支出は財政的制約を受けません。しかし、たとえば大規模なインフラ計画を導入するなど、国の生産資源の利用を増やしたいと考えた場合、現在他の場所で使われている生産資源をめぐって、非政府部門と市場価格で奪い合わなければならなくなります。そのような状況では、デマンド・プル型のインフレ圧力が生じます。つまり、政府支出は**実物資源の制約に直面することになるのです。**

インフレ圧力を避けるためには、政府は生産資源を「解放」し、公共部門に移転しなければなりません。課税は、政府以外の購買力を低下させ、インフレを引き起こすことなく、政府が支出できる資源的な余地を生み出すので、政策オプションの1つとなります。

しかし、一般的な認識とは異なり、税が政府に財政能力の余剰を提供することはありません。

ケース2（Yes-No）では、財政赤字をより拡大することによって、遊休生産資源を生産活動に充てることができます。このような政府支出には、財政的な制約も資源的な制約もありません。非政府部門と競うことなく生産資源を市場で調達でき、それを投入してもインフレ圧力は生じません。この場合の政府の責任は、完全雇用を達成するまで支出することです。経済が完全雇用に達すると、ケース1と同じ状況になります。

ケース3（No-Yes）は、完全雇用で運営されているユーロ圏加盟国と定義することができるでしょう。このような政府は、財政と実物資源という2つの制約に直面しています。通貨主権がない場合、政府は支出を行う前に徴税しなければならず、税収が支出額を十分にカバーできない場合は、投資家が設定した条件のもとで民間債券市場から資金を借り入れなければなりません。また、ケース1と同様に実物資源の制約にも直面します。

最後に、ケース4（No-No）は、大量の失業と税収の減少に耐えるユーロ圏国家と想定できるでしょう。この状況では実物資源の制約はありませんが、財政制約はあります。税の自動安定機能が財政赤字を拡大させるため（経済活動が低迷すると税収が減少し、福祉支出が自動的に増加するということです）、国家はますます民間投資家から資金を調達しなければならなくなります。このような債務に付随する信用リスクを考えると、債券市場は新規発行国債に対してより高い利回りを要求することになります。というのも、失業率が高い場合、債務を返済するために増税しようとしてもなかなかできないからです。

そのため、大量の失業者と混乱が生じても、債券市場は債務不履行を恐れて、持続可能な利回りで政府に資金を供給することを拒否するかもしれません。2010年と2012年のユーロ危機では、イタリアやギリシャなど多くの国で債券利回りが急上昇しました。債券市場が利回りを押し上げたため、（通貨発行主体である）ECBによる介入だけが、多くの国々が財政破綻するのを防ぐ唯一の方法でした。

❖日本の経験はMMTの考えにどう作用するか

1990年代以降の日本の経験は、なぜ主流派のマクロ経済学がラカトシュ的な意味で退行的パラダイムに陥っているのか(注3)を示しています。1980年代、日本は新自由主義を過剰に受け入れ、その結果、民間債務の大幅な増加や投機的な資産バブルなどを招きました。1991年に起こった商業用不動産の暴落は政府の大規模な対応を必要とし、財政・

図表 4-2

日本経済の現実

マクロ経済に起きたこと	主流派の予想	現実
1991年以来、財政赤字は一貫して高水準であり、しばしばGDPの10%を超えている。	金利と債券利回りの上昇。	1991年以来、短期金利はゼロ近辺にある。 債券利回りは10年先まで一貫してマイナスである。 多くの危機にさらされているにもかかわらず、失業率は低い。
公的債務総額の対GDP比は約250%と世界最大。	債券市場は増大するリスクをカバーするためにより高い利回りを要求し、政府への貸し渋りや最終的な債務超過をもたらす。	日銀はすべての満期国債の利回りを一貫して管理し、10年債の場合はゼロに近い水準に保った。 民間による国債の入札額は、常に実際の提示額の何倍にもなる。 日本国債に対する莫大な需要。 国債の空売りは定期的に投機筋に損失をもたらす。
日本銀行は流通市場での国債買い入れを拡大した。 2012年頃から財政赤字に「資金を供給」している。 日本銀行は現在、日本国債の45%を保有している。	「紙幣の印刷」によるインフレの加速。 日本銀行の信用失墜。	1991年以来、デフレ(物価下落)との戦いが続いている。 インフレ率はほとんどゼロか非常に低い。 日本銀行は、政策目的に合わせて金利と利回りを完全にコントロールしている。

金融政策は極限まで推進されました。具体的には継続的かつ高水準の財政赤字、巨額の公的債務、日銀による大規模な国債購入、ゼロ金利政策などです。図表4－2は、こうした政策転換に関連して主流派エコノミストが行った予測と、その後の現実を比較したものです。主流派エコノミストの予測はどれも実現しませんでした。

彼らの予測が外れた理由は、主流派が依拠している「教科書」的なモデルが、通貨発行権を持つ政府は常に自国通貨で負債を埋め合わせることができ、債務超過に陥ることはないという現実を無視していたからです。さらに、日本銀行が利回りと金利を非常に低い水準で維持し続けられることも理解していませんでした。世界金融危機の時も似たようなことが起こりました。債券市場は財務省と中央銀行の財政に関する能力を決して圧倒することはできません。債券投資家が利回りを決められるのは、政府がそれを許した場合だけです。

それにもめげず、主流派のエコノミストたちは、政府の財政に関する真の能力や、その能力を使って政府が完全雇用を維持できることについて国民に知られないようにしながら、自分たちの「架空」の世界を宣伝し続けています。彼らは、財政赤字は返済されなければならず、将来的には子供たちにより重い税負担を課す必要があると言います。（財政赤字を「賄う」ための）政府の借り入れは、利用可能な乏しい資金を民間部門と奪い合う結果をもたらし、金利を上昇させ、民間投資を「クラウディング・アウト」させると彼らは言い張ります。また、政府は市場の規律に従わないため、希少資源の公的利用は無駄が多いと考えます。そして最後に、政府が「お金を刷れば」インフレが加速すると主張します。これらを総合すると、主流派は完全に緊縮財政に偏っていると言えるでしょう。

このような主張は、何十年にもわたる誤った教育や、保守派のメディアからの絶え間ない喧伝を通じて世論に根付いています。ＭＭＴは、なぜ彼らの予測は当たらないのか、なぜ主流派の主張は不換紙幣システムを理解するのに役立たないのかを知るための枠組みを提供します。

◈ＭＭＴは現実の経済を理解するうえでどのように役立つのか？

ＭＭＴの教科書の決定版とも言える『マクロ経済学』（Mitchell et al. ２０１９年）を読むと、ＭＭＴの議論は主流派とは全く異なることが分かります。

ＭＭＴは、主流派経済学者が財政政策の選択を理解する際に用いる家計のアナロジーを否定します。家計のアナロジーは、政府の財政を私たちの日常的な家計と関連付けようとするため、有権者の心に強く響きますが、最も本質的なレベルで間違っています。

新自由主義者たちは、私たちが収入の範囲を超えた身分不相応な生活はできないと直感的に理解していることや、政府の財政赤字は向こう見ずなものであると判断することを知っているからこそ、このアナロジーを頻繁に使うのです。しかし、通貨発行権を持つ政府は家計を大きくしたものではありません。通貨を発行しているのだから、常に歳入以上の支出をすることができるのです。

さらに主流派の経済学者は、政府が支出を賄うには、税金、国債発行、「貨幣印刷」のいずれかを用いなければならないと主張しますが、これらはすべて否定的な結果をもたらします。税金は人々の行動を歪め、国債は金利を上昇させ、貨幣の印刷はインフレを引き起こすからです。その結果、ほとんどの場合財政赤字が敬遠されます。

MMTはこうした分析を否定します。第1に、政府支出は中央銀行が銀行口座に数字を入力することによって可能となります。新しい通貨が使われるということです。税金や国債の売却から「支出される」ことはありません。会計の構造や制度的プロセスは精巧に構築されており、税収や国債の売却額が支出に充てられているかのように見えますが、すべて見せかけのものです。政府支出に政治的な規律を課すために、そのように見せかけているのです。

２００９年3月、アメリカの番組『60ミニッツ』で、バーナンキ連邦準備制度理事会（ＦＲＢ）議長は「ＦＲＢが使っているのは税金ですか」と尋ねられました。彼は「税金ではありません。銀行はＦＲＢに口座を持っています……我々はコンピューターを使って口座に金額を書き込んでいるだけです」と答えました。同じことがすべての政府支出に当てはまります。

第2に、先ほど通貨発行権を持つ政府が直面する支出制約について分析し、企業が財やサービスを生産する能力を名目支出の伸びが上回れば、インフレ圧力が生じることを学びました。赤字が続くとインフレにならないのでしょうか？　マクロ経済学の基本ルールは、支出＝所得＝生産高です。非政府部門が全体として貯蓄を望む（つまり、所得をすべて使わない）場合、政府の赤字によって貯蓄分が埋め合わされないかぎり、生産高は減少します。政府の赤字が非政府部門の支出ギャップを埋め合わせる規模であるかぎり、赤字は望ましく、持続可能です。

第3に、主流の経済学者は、もし中央銀行が国債を発行せずに政府に代わって銀行口座に金額を記入すれば（これは「貨幣印刷」という誤った呼び方をされますが）、インフレが加速すると主張します。MMTは、政府であれ政府以外の主体であれ、支出にはすべてインフレリスクが伴うと指摘します。名目支出の伸びが経済の生産力を上回れば、支出の出所にかかわらずインフレ圧力は生じるのです。

主流派の説では、金利が上昇すると個人消費が「クラウディング・アウト」(注4)されるため、国債発行のほうがこのリスクが低くなると主張されています。しかし、こうした結論は、不換紙幣システムの基本にも、銀行の現実的なオペレーションにも根ざしていません。

クラウディング・アウトは、古典派の貸出可能資金に関する理論に基づいた議論です。国債の売却によって「貯蓄」の有限なプールをめぐる競争が起き、それが金利を上昇させ、金利に敏感な政府以外の主体の支出に損害を与えるとされています。ジョン・メイナード・ケインズは1930年代に、貯蓄は所得の関数であり、純政府支出によって増加するということを示し、この議論の虚構を暴きました。

さらに、主流派の銀行理論では、銀行の貸出は預金（準備金）によって制約されると主張されます。しかし、現代の銀行業務では、融資が預金を生み出すのです。銀行は、他の供給源から準備金を調達できない場合、決済システムの需要を満たすために中央銀行からいつでも準備金を調達できることを知っているため、信用に値する顧客には融資を行います。銀行は準備金を貸し出しませんし、国債の競売によって搾り取られた貯蓄が不足することもありません。

MMTはまた、国債発行に伴うダイナミクスについても解明しています。財政赤字は銀行システムに超過準備(注5)を生み出し、中央銀行の金融政策運営に影響を与えます。中央銀行が政策金利をプラスに維持したい場合、選択肢は2つしかありません。(a)超過準備の見返りを提供するか、(b)公開市場操作を通じて超過準備を排出するか、のどちらかです。さもなければ、銀行がインターバンク市場で超過準備を処分しようとし、短期金利がゼロまで低下するため、政策目標をコントロールできなくなります。つまり、公開市場操作や機能的にそれと同等の金利に関する支援がなければ、財政赤字の場合、金利は下方に偏るのです。

政府が国債を発行すると、中央銀行は準備金口座を切り崩し、「国庫債務」口座を積み上げます。財政赤字によって銀行預金が減ることはなく、国債の売却によって非政府部門の純資産が変化することもありません。非政府部門が保有する資産ポートフォリオの構成だけが変化します。

このことを理解すれば、国債発行が政府支出に内在するインフレリスクを変えるものではないことがより明確に分かります。国債の購入に使われる資金は、商品やサービスの購入に使われているわけではないのです。したがって、国債が売り出されるということ自体によって政府以外の主体の支出が減ることはないのです。また、国債を購入するための資金は、政府がそれまでに積み上げてきた財政赤字によってもたらされた（ただし、税収として吸い上げられずに残った）民間の純金融資産に基づくものです。

ＭＭＴの理論が正しいことは歴史が支持しています。過去30年間、中央銀行はデフレを防ぐ戦略として、国債購入を通じてバランスシートを大幅に拡大してきました。この戦略は、日銀が各銀行の国債を購入して、それぞれの銀行の準備預金を増大させればマネーサプライが増加し、インフレを引き起こすという誤った主流派の考え方に則ったものでしたが、実際には失敗しました。

こうした国債買い入れプログラムは事実上財政赤字をファイナンスしてきましたが、実物資源の制約を超えて需要が拡大することはなかったため、インフレ率を増進させる効果はありませんでした。これは、ＭＭＴが政府支出に関する制約を分析する際に据えている中心的な考え方です。つまり、ＭＭＴのエコノミストだけが因果関係を正しく説明していたのです。

ＭＭＴは、財政赤字の規模そのものに焦点を当てるべきでないと強調しています。主流派の経済学者は財政比率（公的債務の対ＧＤＰ比など）にこだわりますが、責任ある政府であれば、歳出全体を完全雇用に見合った水準に維持するために必要な赤字は何でも許容します。それ以上でもそれ以下でもありません。財政の持続可能性とは、働きたい人が皆働ける包括的な社会を維持するという、政府の責任を果たすことを意味するのです。

❖ 現在のインフレ圧力についてはどうか？

主流派の論者たちは、当初は新型コロナウイルスの大流行、そしてロシアのウクライナ侵攻やＯＰＥＣによる原油価格の高騰によって顕在化した価格圧力を、ＭＭＴに深刻な欠陥があることの証拠として取り上げました。

彼らは、パンデミックの初期段階で政府が行った財政支援は、強力な総支出圧力を生み出し、その結果、デマンド・プル型のインフレを招いたと論じています。

この議論の問題点は、この一過性のインフレをもたらした主な圧力が供給サイドにあったことを説明していない点です。コロナ禍初期の数か月間、各国政府は多くの所得支援策を実施する一方、企業に対して制限を課しました（一部の小売店や接客業で大勢が集まることを禁止するなど）。より極端なロックダウンを実施した国もありました。その結果、サービス業は縮小し、商品の供給は滞りました。

問題は、継続的な所得支援と家計の消費機会の減少により、商品需要が高止まりしていたことです。この一時的な不均衡は継続的なインフレ圧力を生むこととなりましたが、工場が生産を再開し、サービス部門が営業を再開すれば、インフレ圧力は緩和されるでしょう。

この問題に対する主流派のアプローチは、中央銀行が金利を上昇させることを通じて超過分の支出を抑制することでした。この政策を避けてきたのは日本銀行だけです。しかし、主要なインフレ要因は金利に敏感に反応するものではなく、インフレは自然に緩和してきたため、主流派のアプローチは見当違いのものとなりました。中央銀行が行ったことは、結果的には住宅ローンを保有する低所得者層から金融資産保有者への国民所得の大幅な再分配だったのです。

中央銀行による金利上昇政策のもう1つの側面として、それがインフレ圧力そのものを煽ったということが挙げられます。当座貸越やその他の負債を抱えるすべての企業は、借入コストの上昇によるコスト圧力に見舞われ、市場で力を持つ企業はコスト上昇分を価格に転嫁しています。また、企業がインフレ圧力を隠れ蓑にして利益率を高めているという証拠もあります。

中央銀行の金利引き上げはまた、賃貸住宅を提供するコストを高くしており、（たとえばオーストラリアのような）逼迫した住宅市場では、こうしたコストは家賃上昇という形で転嫁されています。多くの国では、家賃は消費者物価指数（ＣＰＩ）の重要な構成要素であるため、金利上昇自体がＣＰＩの上昇圧力となっているのです。

中央銀行は、１９７０年代のオイルショック後にインフレを引き起こした賃金上昇の恐怖に訴えることで、政策を正当化しようとしてきましたが、今回のインフレは１９７０年代に起こったインフレとは全く異なるものです。

以上より、現在のインフレは、過剰な支出によるインフレリスクを強調するＭＭＴの洞察を否定するものではないことは明らかなのです。

いずれにせよ本稿で紹介した、ＭＭＴの基本概念、ならびに、それが主流派のマクロ経済学とどう異なっているのか等の議論が、現実の政策立案において貢献できることを、心から祈念しています。

〈翻訳者注〉

注1：積極財政の必要性を理論化したジョン・メイナード・ケインズの理論を直接引き継ぐ（MMTに繋がる）「ポスト・ケインジアン」と異なり、ケインズ理論を（その基本的主張を歪めたうえでいわば「無理矢理」）主流派経済学の枠組みの中に取り込んだ体裁を整えた一部の特殊な経済学派。

注2：主流派経済学では、平均的なインフレ／デフレ状況、平均的な景況が成立しているという架空状況を想定し、その架空状況において実現するであろう失業率を「自然失業率」と呼称している。この自然失業率は、その国民性が「怠惰」であれば高く、「勤勉」であれば低くなると一般にイメージされる。

注3：科学哲学者ラカトシュ・イレムが提唱した概念で、特定の理論的な枠組み（パラダイム、あるは、リサーチプログラム）の枠内で研究を進めている時に、その枠組みで説明

できない実現象に直面した時に、その実現象の存在を無視したり曲解したりして、理論的枠組みの変更を（補助仮説の導入も含めて）全く変えようとしない場合、その枠組みは「退行」的であると定義された。ラカトシュは無論、こうした退行を強く非難したのであり、この本文のミッチェル教授の主張もこうした退行に対する批判となっている。

注4：閉め出される、の意味。政府が国債を発行して銀行からおカネを借りると、その分、民間がおカネを借りられなくなって、最終的に民間の支出が減る、という趣旨。つまり、政府の支出によって民間支出が「閉め出される」という議論を、クラウディング・アウトと呼称する。

注5：一般の銀行が中央銀行に預けている預金の意味。厳密には「銀行が受け入れている預金等の一定比率の金額を、中央銀行に預け入れることを義務付けている準備預金」以上の預金額の意。

〈参考文献〉

Mitchell, W.F., Wray, L.R. and Watts, M.J. (2019) Macroeconomics, Bloomsbury Press, London.

<著者略歴>

ウィリアム・ミッチェル

1952年生まれ。通称“ビル”・ミッチェル。ニューカッスル大学（オーストラリア）経済学教授。MMT（Modern Monetary Theory：現代貨幣理論）の命名者にして提唱者。同じくMMT提唱者であるRandall Wray、Martin Wattsと共著でMMTの教科書“Modern Monetary Theory and Practice: An Introductory Text”を出版している。ニューカッスル大学よりPh. D.(経済学)取得。

藤井 聡（ふじい・さとし）

1968年奈良県生まれ。京都大学大学院工学科教授。同大学レジリエンス実践ユニット長。『表現者クライテリオン』編集長。京都大学工学部卒、同大学大学院修了後、同大学助教授、イエテボリ大学心理学科研究員、東京工業大学教授を経て、2009年より現職。2018年よりカールスタッド大学客員教授。主な著書に『神なき時代の日本蘇生プラン』『「豊かな日本」は、こう作れ！』（共著・ビジネス社）、『社会的ジレンマの処方箋』（ナカニシヤ出版）、『大衆社会の処方箋』（共著・北樹出版）など。

翻訳：田中孝太郎

インフレ時代の「積極」財政論

2023年12月1日　　第1刷発行

著　者　ウィリアム・ミッチェル　藤井　聡

発行者　唐津 隆

発行所　株式会社ビジネス社

〒162-0805　東京都新宿区矢来町114番地 神楽坂高橋ビル5F
電話　03(5227)1602　FAX　03(5227)1603
https://www.business-sha.co.jp

〈装幀〉中村聡
〈本文組版〉有限会社メディアネット
〈印刷・製本〉中央精版印刷株式会社
〈営業担当〉山口健志
〈編集担当〉中澤直樹

ISBN978-4-8284-2576-4